우리 모두 좋은 나라에 살고 싶다

우리 모두
좋은 나라에 살고 싶다

이강재 기획

고태우·금민·김봉억·도승연·박혜영·안재원·윤비·이강재 지음

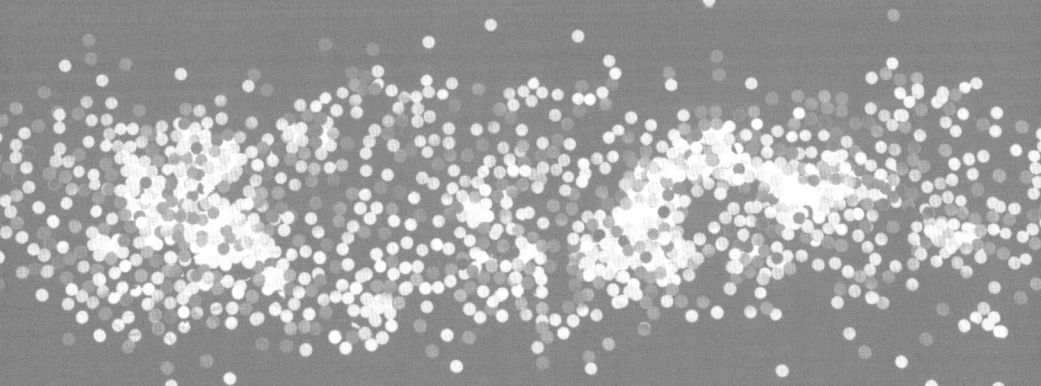

기획의 글

계엄과 탄핵을 거치면서, 우리는 시민사회의 위대한 힘을 느낌과 동시에 여전히 불안감을 버리지 못하고 있다. 무엇보다 내란 상황의 극복과 헌정 질서의 온전한 회복이 중요하다. 6년 같았던 6개월을 보내고 이제 기대 속의 새로운 정부가 출범하였지만, 여전히 여러 가지 위기가 가까이 있다. 흔히 위기는 시스템을 성찰하고 성장시키는 기회라고 한다. 어느 정당이 집권하고 누가 대통령인지를 떠나 우리의 미래는 어떠해야 하는지를 논해야 한다. 이는 우리 사회뿐 아니라 인류 문명 전체에 대한 것이다.

정치적 격변이 아니어도 우리의 미래는 불확실하다. 환경의 파괴와 이에 따른 자연의 역습, 인공지능 AI의 급속한 발전이 가져온 인간의 삶에 대한 근본적인 질문, 세계 패권을 둘러싼 치열한 경쟁 등 인류는 과연 얼마나 더 이렇게 살 수 있을지 걱정이 앞선다. 민주주의는 곳곳에서 위협받고 있으며, 경제적 문제로부터 촉발되어 사회 안전망이 무너지고 있고, 노동시장에서 젊은 세대가 배제되고 있다. 빈부와 계층에 의한 갈등에 더해 세대 갈등, 젠더 갈등이 격화되고 있다. 우리는 진정 문명사회로 가고 있는지 회의적일 때가 많다.

새로운 정부에서는 경제적 성장과 사회적 통합을 중시해야 할 것이다. 세계의 역사를 돌아보면 언제 어디서나 사회의 갈등은 있는 것이지만, 지금의 갈등은 타협으로 가는 과정이기보다 갈등을 더욱 증폭시키는 방향으로 가고 있다. 무엇이 정상이고 상식인지 알 수 없는 미궁에 빠진 채 자기의 주장만을 반복하고 있다. 보수와 진보의 전통적인 개념은 무너졌고 정치 대신 법치가 큰 자리를 차지했다. 건강한 공론의 장이 보이지 않고 SNS 등의 극단적 영향만이 커지고 있다. 이에 민주공화국의 위기 속에서 좋은 나라를 만들기 위해 기초적인 인식의 재정립이 필요하다. 민주주의를 강화하는 방향으로 제도를 개혁해야 한다.

교육과 대학은 어떠한가? 지식생산과 전수라는 역할은 갈수록 줄어들고 있다. 중등교육에 도입하려는 AI 교과서는 지식의 전수라는 학교의 역할을 담당할 여지가 있다. 하지만 학교에서 배우는 것이 단순히 지식만이라면, 학교는 사설 학원과 다를 바도 없고 그저 AI를 통한 비용 절감만이 가능한 곳이다. 공동체로서 살아가기 위한 기초 소양, 양심, 비판적 성찰, 리더십의 양성 등은 학교가 담당할 영역이다.

우리는 우수한 성적으로 서울대를 비롯한 유명 대학을 졸업한 사람, 국가고시라는 절차를 통해 중요한 지위에 오른 사람이 결국 지탄을 받는 모습을 많이 보았다. 그것이 개인의 문제일 수도 있지만, 그 속에는 교육의 방법과 지향점에서 나온 것일 수 있다. 이것이 바로 도구적 지식만을 갖춘 전통 지식인 양성을 지양해야 하는 이유이며, 학교 교육에 대해 시사하는 바가 크다. AI 교과서를 비롯한 디지털 교재에 대한 의존이 자칫 인간의 감성을 포함한 원만한 덕성을 기르는 데 실패하여 미칠 해악을 간과해서는 안 된다.

대학의 축소는 불가피하다. 10~15년 안에 전체 3분의 1 이상의 대학이 문을 닫을 수 있는 현실을 직시하여야 한다. 현재의 대학은 설립할 때 금전적 공헌을 한 소수에 의해 이룩된 것이 아니다. 학생의 등록금과 정부의 다양한 재정지원에 의해 이루어졌으니 이미 개인의 것이 아니며 공적인 자산이다. 또한 정부의 대학 정책은 재정 지원과 긴밀한 관련이 있다. 변화된 교육과 대학의 특성에 맞는 타당한 고등교육 투자 확대 방안을 검토하고 논의해야 한다.

모든 논의에서 빠져서는 안 되는 것이 광장의 소리이다. 지난 6개월 동안 우리가 확인한 바에 따르면, 지금의 광장은 2016년의 광장과 성격이 다르다. 연대와 사랑을 논하는 모습은 감동적이다. 광장을 제대로 읽어내지 못하고 광장의 에너지와 희망을 외면했던 이전의 경험을 잊지 말아야 한다. 광장이 보여준 희망을 실현하려면, 갈등을 정치적으로 이용하려는 세력을 배격해야 한다. 그렇지 않다면 앞으로 치러야 할 사회적 비용이 천문학적으로 커질 것이다.

우리는 여전히 갈 길이 멀다. 지금 중요한 것은 내가 정말 살고 싶은 나라는 어떤 나라이며 또 그 나라를 만들기 위하여 우리는 어떤 노력을 해야 하는가에 대한 이야기이다. 그 꿈을 꾸면서 이 글을 기획하였고 교수신문에 연재하였다. 처음 교수신문 편집부와 이러한 기획을 협의한 것은 2024년 11월 초이다. 원래는 2025년 연말에 연재를 시작하려고 했다. 12.3 비정상적인 계엄은 역으로 이런 논의를 앞당기게 만들어 주었다. 2025년 3월 4일부터 4월 15일까지 교수신문에 연재하였다. 인구 감소에 대한 논의, 올바른 사회 복지의 방향, 진정 성숙한 사회의 모습 등에 대해 더한층 논의가 있어야 하는데, 거기까지 미치지 못했다. 부족한 상태로 연재를 마치고 집필자의 일부가 좌담회를 하여 논의를 정리하였다.

　책으로 내면서 고민이 적지 않았다. 교수신문에 실린 글 자체로도 충분히 의미 있는 일이고 사회적 영향력이 있지만, 좀 더 많은 사람들이 볼 수 있도록 하고 싶었다. 이는 원래 연재를 기획할 때부터 생각한 것이다. 다만 전체 글의 분량이 단행본 한 권으로 엮기에 부족한 점이 있었다. 이에 내가 지난 몇 년 동안 쓴 글을 추가하여 제3부로 엮었다. 대부분 교수신문의 <대학정론>에 쓴 글이지만 이번에 책을 내면서 새로 쓴 것도 있다. 과학기술과 인문사회 분야의 학술 정책에 대한 것이다. 처음 글을 썼을 때로부터 시간이 지나서 책으로 만들면서 내용의 수정이 필요한 부분에 가필한 것이 일부 있다.

　우리의 대통령 선거는 끝났고 이재명 대통령이 새로운 국가의 지도자로 탄생하였다. 당장은 경제적 어려움을 벗어나야 하고 사회적 분열과 갈등을 해소하는 일이 중요하다. 국민주권주의의 온전한 회복도 절실하다. 새로운 대통령은 언제나 임기 초 지지도가 높고 모두의 기대를 안고 출발한다. 얼마 지나지 않아 자신의 선택을 후회하는 사람이 나오는 경우를 우리는 여러 번 경험했다. 선거의 승리를 위해 국민을 속인 것일 수도 있고, 처음의 마음을 잃어버린 것일 수도 있다. 준비가 부족한 채로 집권한 것이 원인일 수 있고, 잘못된 보좌진을 쓴 때문일 수도 있다. 이번에는 그러지 않고 성공적으로 역할을 다하고 임기를 마칠 수 있기를 기대한다. 새로운 대통령과 함께 진정한 민주공화국 대한민국이 만들어져야 한다.

　여러 가지로 바쁜 가운데 기획 의도에 공감하면서 글을 보내주신 모든 분께 고마움을 잊을 수 없다. 또한 교수신문 연재 과정에서의 기획과 편집은 물론 책으로 엮는 과정에서 교수신문 김봉억 편집국장의 노고가 있었다. 아울러 예쁜 모습의 작은 책자가 나올 때까지 애써주신 글누림출판사의 모든 분께 감사를 표한다. 이 책은 외견상 소박하지만 담긴 꿈은 매우 크다. 진정 좋은 나라를 꿈꾸는 많은 독자에게 영감을 줄 수 있기를 기대한다.

　　　　　　　　　　　2025년 대통령 선거 다음 날(6월 4일) 이강재

| 목차 |

기획의 글   5

제1부   우리가 살고 싶은 대한민국   15

- 제1장   좋은 사람이 많은 나라가 좋은 나라이다   17
  - 고쳐야 할 것은 고쳐야 한다   17
  - 지켜야 할 것은 지켜야 한다   18
  - 민주주의는 비약하지 않는다   19
  - 좋은 것은 어렵다   22

- 제2장   민주주의 위기와 대안   24
  - 격변의 시대   24
  - 포퓰리즘적 정치구조와 극우 포퓰리즘   27
  - 사회구조의 변화와 새로운 사회협약   30

- 제3장   정말 지금 보수와 진보가 대립하고 있는가?   34
  - '빵'이냐 '이데올로기'냐   34
  - '빵'과 더불어 '이데올로기'   36
  - 능력 있는 민주주의   37
  - 민주주의의 위기   40
  - 극우 지지층에 기대는 보수, '비전의 빈곤'   43
  - 민주당은 양당제적 사고에서 벗어나야 한다   46

제4장	분열의 광장에서 환대의 광장으로…정치여, 응답하라!	49
	열린 광장에서 닫힌 광장의 시대로	49
	광장에서 본 환대와 적대	51
	우리는 왜 적대사회가 되었을까?	53
	희망의 전조도 광장에 있다	55
제5장	좌담: 대한민국의 미래와 과제	57
	기획에 대한 평가와 우리나라의 현 상황	57
	한국 정치에 바란다	64
	12.3 계엄 사태의 교훈	69
	개헌, 무엇이 문제인가	72
	전 세계적 위기와 대응	74
	좌담 요약: "'통치 구조' 개헌만이 능사가 아니다"	77

제2부 우리가 꿈꾸는 교육과 사회 ── 81

제6장	우리가 만들 미래의 교육과 대학	83
	교육이 사회에 일방적으로 끌려가고 있다	83
	지식 암기와 문제 풀기의 시대는 이미 지났다	85
	대학은 단순히 취업의 디딤돌이 아니다	86
	과학기술 분야에 대한 우선적 지원이 필요하다	87
	인간과 사회에 대한 통찰이 과학과 기술의 방향을 잡아준다	90
	대학은 근본적인 지식을 창출해야 한다	91
제7장	대학재정지원 사업 어떻게 할 것인가?	93
	문명사적 전환의 시대, 근본적 대응은 고등교육정책에 있다	93
	대학 재정 지원의 두 형태: 일반재정지원사업과 특수목적지원사업	96
	'전공자율선택제'에 기반한 교육의 혁신성 강조	97
	특정 전공 쏠림 현상과 기초학문 소외	99

		실무형 인재교육의 효과는 언제까지 지속될 수 있을까	101
		'기대와 우려' 속에 본격화되는 RISE 사업	104
		국가 미래가 걸린 고등교육비 증액 시급	109
		융합교육과 연구, 그리고 학문생태계	110

제8장 　기후위기, 어떻게 대응할 것인가　　113
　　　　생존을 위협할 '인류세'의 미래　　113
　　　　한국, 재생에너지 비중 늘리는 시대 흐름에 역행　　115
　　　　미래세대에 부담 더 키운 윤석열 정부의 기후·환경정책　　116
　　　　상상력을 발휘하자: 생태문명으로의 대전환을 위한 실마리　　118
　　　　비인간 주체의 권리 보장하는 헌법 제정 필요　　120

제3부　우리 현실에 맞는 과학기술과 인문사회 학술정책 ──── 125

제9장 　인문학자의 시각에서 본 과학기술정책　　127
　　　　들어가면서　　127
　　　　R&D 예산 논란과 과학기술 인재 양성　　129
　　　　과학기술계에 대해 '카르텔' 운운은 타당한가?　　131
　　　　R&D 예산 논란이 남긴 것　　133
　　　　'기초'에 대한 정명(正名)이 우선이다　　135

제10장　인문학은 어디로 가고 있는가?　　138
　　　　들어가면서　　138
　　　　국가는 인문학에 무엇을 요구해야 하는가?　　139
　　　　인문학도 국가와 인류의 미래를 논하고 싶다　　142
　　　　사회적 갈등을 해결하는 교육이 필요하다　　144
　　　　학술기본법을 제정해야 하는 이유　　146
　　　　이제는 '학술경국' 시대로…인문사회 통찰로 갈등 해결　　148

제11장 우리에게 맞는 학술정책이 필요하다 153
    들어가면서 153
    우리의 현실에 맞는 정책인지 살펴보자 155
    무전공 확대 정책의 목적과 근거가 궁금하다 157
    왜 독립연구자가 중요한가 160
    한국형 스타이펜드, 인문계 대학원은? 162
    인문사회학술(정책)연구원(가칭) 설립 구상 164

마치면서   171
우리 모두 좋은 나라에 살고 싶다 173

제1부

우리가 살고 싶은
대한민국

제1장

좋은 사람이 많은 나라가 좋은 나라이다

안재원(서울대학교 인문학연구원 교수)

'타는 목마름으로' 민주주의를 외쳤던 1987세대와 저 광화문에 빛과 깃발을 높이 들어 올린 젊은 사람들은 다르다. 이들은 민주주의를 정권 교체로 완료되는 일회성 사건이 아니라, 미완류 진행형 과정으로 이해한다. 좋은 사람이 많은 좋은 나라로 나아가는 방편으로 말이다.

고쳐야 할 것은 고쳐야 한다

Mutatis mutandis! 고쳐야 할 것은 고쳐야 하고, 바꿔야 할 것은 바꿔야 하고, 변해야 할 것은 변해야 함을 강조하는 로마 격언이다. 『주역』의 '궁즉변 변즉통 통즉구(窮卽變 變卽通 通卽久)'에 해당한다. 위기는 변화를 거부할 때 출현한다. 지금 우리를 덮치고 있는 내란 사태는 사실 이미 위기가 아니다. 이 사태에 대해 우리가 어떻게 대처해야 할지 이미 해답을 알고 있기 때문이다. 변화해야 하는데 변화하지 않을 때, 무엇을 바꾸어야 할지 모를 때 진정으로 위기이다.

이미 도래한 변화들은 도대체 무엇일까? 요컨대, 떠오르는 대로, 경제적인 측면에서의 신자유주의, 자연환경적인 관점에서 기후 위기, 지정학적 혹은 지경학적 조건의 급변 등을 들 수 있을 것이다. 신자유주의와 기후 변화, 지정학 및 지경학적 정세의 급변은 국가의 역할 축소를 야기했고, 이는 정치적으로 이른바 '스트롱맨'의 시대를 몰고 왔다.

이러한 현상은 프랑스 대혁명 이후 부상한 부르주아 계층의 몰락, 혹은 중산층의 몰락과 직결되어 있다. 중산층의 몰락은 정치적으로는 극우 혹은 극좌 포퓰리즘의 득세를 불러왔다. 전 세계적으로 나타나는 정치 현상이다. 단적으로 독일에서 '독일을 위한 대안(AfD)'이 원내 제2당이 되는 것도 결코 우연은 아니다. 이탈리아의 멜라니 정권의 등장도 마찬가지이다. 트럼프 제2기 정권의 등장도 이와 궤도를 함께한다.

우리의 경우도 내란 사건 이후 일부이지만, 극우 세력의 준동이 소위 합리적인 보수를 지향하는 중도 부르주아 계층의 정치적 몰락을 재촉하고 있다. 이러한 시대 조건과 상황 속에서 바꾸어야 할 것은 바꾸어야 하고, 고쳐야 할 것은 고쳐야 하지만, 놓치지 말아야 할 것은 놓치지 말고 지켜야 할 것을 지켜야 한다.

지켜야 할 것은 지켜야 한다

Conservatis conservandis! 지켜야 할 것은 민주주의와 법치주의다. 12.3 내란 사태는 우리가 수호하고 지켜야 할 것이 무엇인지를 확인시켜주었다. 민주공화국이다. 모든 권력은 국민으로부터 나온다는 규정도 주권자를 국민으로 보는 '민주주의'라는 정체의 원칙에 근거한다. 헌법에 의거하여 공동의 것을 관리하고 운용하는 공동체가 국체(constitution)이다. 이 국체에 속한 사람이라면 누구나 이를 존중하고 지켜야 할 의무가 있다. 이에 준하여 자신의 권리도 생겨나고 보장받는다. 모든 권력자는 헌법에 근거한 권력과 권한을 주권자인 국민으로부터 위임받은 자격(persona)의 소지자일 뿐이다.

고치고 바꾸기 위해서는 먼저 지켜야 할 것을 지켜야 한다. 이 순서를 어겨서는 안 된다. 우리의 자유를 위협당하는 사태를 다시금 경험하게 될지도 모르기에. 늘 그렇듯 개혁에 맞서는 반격과 반동이 있기 때문이다. 뉴턴이 말한 제3 법칙에 정치도 예외는 아니다. '개혁피로증', '개혁피로 증후군'의 말장난에 휩쓸릴 우려가 크다. '다시 처음부터!'라는 깃발의 바로 옆자리에 '지켜야 할 것은 지켜야 한다'라는 깃발을 함께 세워야 한다. 민주공화국을 지키는 깃발이므로.

민주주의는 비약하지 않는다

자연이 비약하지 않듯이, 민주주의도 비약하지 않는다. 압제와 독재에서 자유와 해방을 갈구하는 염원과 민주주의도 인내와 견딤과 사랑이 필요하기 때문이다. 하지만 우리는 유진오의 『헌법해의』에서 강조한 자유와 평등이 최근에 광화문·한남동·남태령에서 어떻게 실현되고 있는지를 보았다. 사랑이 민주주의를 어떻게 이끌고, 사랑이 어떻게 모든 것을 이기는지를 말이다.

이 대목에서 시민 사회가 한국에서 자생하고 있고, 좋은 사람, 좋은 사회, 좋은 나라를 위한 소통 및 정치의 방식인 민주주의를 지키는 것을 자신의 의무라고 여기는 좋은 사람들이 많다는 점을 놓치지 말아야 한다.

도대체 좋은 사람, 좋은 사회, 좋은 나라는 어떤 사람, 어떤 사회, 어떤 나라일까? 광장에서 울려 퍼진 답들은 간단했다. 좋은 사람이 많은 나라가 좋은 나라이다. 화나고 억울한 일에 함께 분노하고, 슬프고 아픈 일에 함께 슬퍼하고 아파한다. 고통을 함께 나누며, 기쁘고 즐거운 일에 함께 좋아하고 나누며, 좋음을 공유하고 나누는 사람이 좋은 사람이다. 연민과 공포를 함께하는 사람이 좋은 사람이다.

아리스토텔레스가 말했던 좋은 나라(kallipolis)가 바로 좋은 사람(kalokagathos)이 많은 좋은 나라였음이 자명하다. 좋은 사람을 기르고 교육하는 것이 인문학(humanitas)이다.

하지만, 좋은 것은 어려운 법이다. 당장 좋은 사람과 좋은 나라를 만드는 민주주의와 법치주의를 지키는 것이 얼마나 어려운지를 우리는 지금 체감하고 있다. 한 가지 다행인 점은 민주주의를 지키고 법치주의를 따르는 것이 누구의 명령이 아니라 각자의 의무라고 생각하는 사람들의 좋은 목소리가 광장을 가득 채우고 있다는 것이다.

어쩌면, 우리 민주주의의 역사는 이 대목에서 새로운 전환점을 맞이하고 있을지도 모른다. 광장에서 좋음을 외쳤던 좋은 사람들의 등장은 단순하게 의무 없이 권리 없고, 권리 없이 의무 없다는 생각으로 연결된 계약-공동체를 넘어서는, 좋은 시민들의 새로운 공동체의 가능성을 보여주기 때문이다. 나는 이 새로운 공동체를 '좋음의 공동체'라고 부른다. 단적으로, 좋음을 사랑하는 사람들이 연대한 공동체를 광장에서 관찰할 수 있었다. 민주공화국을 지키기 위해서 모여든 빛들과 깃발들에서.

좋은 사람과 좋은 나라와 관련해서 한 가지 강조하려는 점은 여기 지금 광장이 1987세대가, '타는 목마름으로' 울부짖은 민주주의의 종착역이 '독재 타도'에서 멈추지 않고 그 너머를 향해 있다는 점이다. 기성세대는 독재자를 몰아내고 양심적인·도덕적인·민주적인 정치인에게 권력을 위임하고 정치를 일임하면 모든 것이 잘될 것이라고 믿었다. 순진했다. 어쩌면 "암행어사 출두야!"라는 한 마디에 정의가 집행되었다고 믿게 만드는 서사 구조에 익숙한 탓일 것이다.

하지만 여기 지금 광장에 모인 젊은이들은 민주주의를 우리의 일상을 지켜주고 아울러 주는 삶의 최대공약수로 생각한다. 민주주의를 정치인들이 권력을 획득하는 수단이나 과정으로 보지 않는다. 이 점이 중요하다. 민주주의를 특정 정파의 권력 쟁취를 위한 수단이 아니라, 공동체의 좋음을 위한 방편으로 본다. 그 자체로 최종적인 목적이 아니라 어떤 좋음을 위한 하나의 과정으로 본다. 좋음이 각자의 몫이고 각자의 것인 한, 각자 소통하고, 공존하고 공영할 수 있는 필수 조건으로 파악한다.

이 점에서 '타는 목마름으로' 민주주의를 외쳤던 1987세대와, 저 광화문에 빛과 깃발을 높이 들어 올린 젊은 사람들은 다르다. 이들은 민주주의를 정권 교체로 완료되는 일회성 사건이 아니라, 미완료 진행형 과정으로 이해한다. 좋은 사람이 많은 좋은 나라로 나아가는 방편으로 말이다.

좋은 것은 어렵다

이제 민주주의란 '독재 타도 민주 쟁취'를 기치로 삼은 의병 운동 방식을 넘어, 좋은 사람들이 잘 살아가는 방식임을 인정해야 한다. 직업 정치인들만의 일이 아니다. 우리 각자의 일이다. 자신이 좋아하는 것을 사랑하기 위해서는 각자의 자유를 인정해야 한다. 그 자유를 지키는 것은 혼자의 힘만으로는 부족하다. 사랑과 연대가 요청된다. '독재 타도, 민주 쟁취'의 단계가 민주주의 1.0이라면, 이를 바탕으로 좋은 나라를 만들어 가는 것이 민주주의 2.0이다.

하지만 민주주의 2.0을 위협하는 요인은 우리 안에도, 우리 밖에도 엄존한다. 당장 디지털 문명의 확산은 편리함을 가져다주지만 동시에 인간성의 위기도 수반한다. 또한, 한반도를 둘러싼 지정학적, 지경학적 위기 역시 민주주의를 위협한다.

아울러, 물질적 성장에 비례하여 함께 성장해야 하는 정신적 미성숙도 민주주의를 위협한다. 정신적 성장이 얼마나 어려운지는 동서고금의 역사가 증명한다. 좋은 나라를 만드는 길이 얼마나 힘든지를 말이다. 생존을 위한 물질적 토대도 견고하게 갖추어지고, 생활을 위한 정신적 여건이 충족되어야 좋은 나라이기 때문이다. 좋은 나라로 나아가기 위해서는 닥쳐올 위기에 선제적으로 대응해야 한다. 좋은 나라를 지키는 것이 우선이므로.

지켜야 할 것은 지켜야하고 바꾸어야 할 것은 바꾸어야 한다. 이를 위해서 변화에 유연하게 대응해야 한다. 전환 성장, 평화 성장, 성숙 성장이 민주주의 2.0 시대에 필요한 이유이다. 각자가 좋음을 추구하는 민주주의도 그때 비로소 명실상부하게 작동할 것이므로. 민주주의를 지키는 것도 어려운 일이지만, 민주주의를 꽃피우기도 어려운 일이다.

좋은 것은 언제나 어렵다! 내면의 성장을 위해 우리를 노예로 부리고 있는 틀에 박힌 생각과 판에 박힌 기억에서 해방되는 것도 쉬운 일은 아니다. 좋은 사람이 많은 좋은 나라를 만들기 위해서는 결국 인내와 사랑이 필요하다.

제2장
민주주의 위기와 대안

금 민(정치경제연구소 대안 소장)

'모두에게 더 좋은 미래' 새로운 사회협약 논의 필요하다.
사실 새로운 사회 통합 방식에 관한 논의가
사회적 논쟁의 쟁점이 된 지는 이미 오래다.
다만 주류 정치가 이를 반영하지 못했고
그 결과로 극우 포퓰리즘의 득세가 나타났다.
이러한 논쟁을 정치의 장으로 끌어들이는 것만이
민주주의 위기를 극복하는 길이다.

격변의 시대

민주주의 위기를 경고하는 목소리는 반세기 전부터 들려왔다. 그런데 오늘날 이 경고는 이미 현실이 되어버린 것 같다. 유럽과 미국을 비롯한 중심국가들이 예외 없이 극우 포퓰리즘의 파도를 겪고 있다. 2010년 폴란드, 2015년에 헝가리에서 극우 정당이 집권했을 때 이러한 현상은 동유럽의 국지적 현상으로 여겨졌다. 하지만 2016년 영국에서 브렉시트가 통과되고 미국에서 트럼프 대통령이 당선되자 반이민과 보호주의는 중심국에서도 회피할 수 없는 정치의제가 되어버렸다.

바이든 정부의 등장과 함께 극우 포퓰리즘의 물결은 잠시 잦아드는 것 같았지만 2017년부터 작년 총선까지 프랑스 국민연합의 꾸준한 약진, 2022년 이탈리아의 멜로니 정권의 등장, 그리고 결정적으로 2024년 미국 대선에서 MAGA(미국을 다시 위대하게) 캠페인의 승리와 트럼프 대통령의 복귀, 얼마 전 독일 총선에서 극우 정당 AfD(독일인을 위한 대안)의 지지율이 20%를 넘어 제2당으로 등장하기까지 극우 포퓰리즘은 유럽과 미국의 정치문법을 뒤흔들고 있다.

물론 극우세력의 득세는 절차적 민주주의의 틀 안에서 이루어졌다. 이 점에서 민주적 헌정 질서를 초과해 버린 한국의 12월 3일 계엄선포와는 비교할 수 없다. 2024년 12월 3일의 계엄선포와 계엄해제는 절차적 민주주의의 틀 안의 극우 포퓰리즘으로부터 절차적 민주주의가 정지된 포스트파시즘으로의 이행이 시도되었다가 국민주권자에 의해 저지된 사건이었다고 말할 수 있다.

12월 3일의 계엄은 1987년 이후의 한국 민주주의 역사에서도 초유의 사건이지만 OECD 국가들의 최근 정치사에서도 초유의 사건이다. 12월 3일 사태의 특이점은 민주공화국의 최저 저지선을 건드렸다는 점이다. 당연히 그와 같은 거대한 퇴행은 저지되었지만 계엄선포, 계엄해제, 탄핵심판을 경유하면서 부정선거론, 반중국 정서의 유포, 헌법 절차에 대한 무시 등 보수정치의 극우화와 극우 포퓰리즘의 대두는 더욱 뚜렷해지고 있다.

여기에서 중요한 점은 12월 3일 계엄사태는 전 세계적인 극우 포퓰리즘 현상과 마찬가지로 단순히 돌출적인 사건이 아니라 20세기로부터 물려받은 민주주의 체제의 위기라는 공통적인 배경을 가지고 있다는 점이다. 이를 따져보고 민주주의 위기를 해소할 경로와 대안을 모색하는 것이 이 글의 목표이다.

유럽과 미국에서 극우 포퓰리즘의 대두를 단지 정당체제 안에서 주류 정당의 교체로 중립화하는 것은 사태를 정확하게 이해하지 못하도록 만든다. 최근 십여 년간 유럽과 미국에서는 중도우파가 우파 포퓰리즘의 자장 안으로 끌려들어 가며 전통적인 중도좌파가 위축하고 전체적으로 오른쪽으로 기울어진 선거 결과가 나타났다.

반면에 중도좌파의 왼쪽에 포진한 정당들도 참패하지 않았으며 국지적으로는 약진하기까지 했다. 결국 극우 정당의 지지는 중도보수와 중도좌파로부터 이동한 것이고, 이는 전통적인 국민정당 또는 포괄정당의 몰락이라고 볼 수 있다. 이와 같은 정치지형의 변화는 이전보다 더 극심한 정치적 양극화를 보여주며 전통적인 중도우파와 중도좌파가 사회통합적 능력을 상실했음을 드러낸다. 사회통합적 능력의 상실은 전통적 주류 정당들이 현시기의 사회구조 변화에 대하여 제대로 된 해법을 내놓지 못하고 있다는 뜻이기도 하다.

정치지형은 단순히 팬덤현상을 몰고 다니는 포퓰리즘 지도자의 등장으로 우발적으로 급변한 것이 아니라 갈등적인 사회구조가 정치에 표출된 것이며, 결국 극우 포퓰리즘의 득세는 주류 정치가 현재의 사회 위기에 맞서 '모두의 나라', '모두가 자유롭고 평등한 정치공동체', '모두에게 좋은 경제'라는 사회통합의 대안을 구체적으로 제시하지 못했다는 점에 원인이 있다. 이는 동시에 극우 포퓰리즘이 비록 현재의 사회

위기를 해소할 새로운 방식의 사회통합을 제시하지는 못하지만 적어도 실제적으로 존재하는 사회해체의 한 측면을 드러내고 있다는 뜻이기도 하다.

포퓰리즘적 정치구조와 극우 포퓰리즘

극우 포퓰리즘 정치를 분석하기 이전에 포퓰리즘적 정치구조에 대하여 살펴볼 필요가 있다. 일단 정치행태 차원에서 포퓰리즘을 유형화하자면, 인격화된 지도자와 비조직적 추종자들 사이의 직접적이고, 제도적으로 매개되지 않은 결합 관계, 즉 낮은 제도주의(low institutionalism)를 포퓰리즘의 행태적 특징으로 볼 수 있다(Taugieff, 1995).

나아가 관료주의적 전문용어나 회피적 수사가 아니라 간단 명료성과 직접성에 호소하는 정치수사학(Canovan, 1999)이나 디지털 전환 이후 오늘날에는 미디어 환경의 변화에 따라 진리 정치(Truth Politics)의 해체와 "인민이 진리라고 느끼는 것이야말로 진리"(Clake and Newman, 2017)라는 직접적이고 절대적인 진리관을 포퓰리즘의 정치행태에 추가할 수도 있다(McIntyre, 2018).

하지만 이러한 특징은 주류 정치에서도 관찰되며 포퓰리즘의 차별성을 분명하게 드러내 주지는 못한다. 따라서 정치행태 차원이 아니라 정치적 대당구조를 나누는 정치문법의 차원에서 포퓰리즘을 살펴볼 필요가 있다. 포퓰리즘의 정치문법은 사회가 궁극적으로 서로 적대적인 두 개의 집단, 즉 '순수한 인민'과 '부패한 엘리트'로 분리되어 있다는 확신에서 출발하며 여기에서 정치는 '순수한 인민'의 일반의지의 표현으로 여겨진다(Mudde 2004).

문제는 '순수한 인민'의 내적 동질성의 형성은 사회경제적 처지에 대한 공통적 감각만이 아니라 그들 바깥에 위치하는 외부를 어떻게 설정하는가에도 의존한다는 점이다(Panizza 2005). 극우 포퓰리즘은 이와 같은 구성적 외부에 이주민과 페미니즘을 놓는다. 여기에 더하여 재생에너지도 에너지 가격을 올려 '순수한 인민'을 힘겹게 만드는 '부패한 엘리트'의 카스트 체제의 목록에 들어간다.

결국 우파 포퓰리즘과 좌파 포퓰리즘의 차이는 '인민'의 외부를 어떻게 설정하는가의 차이라고 볼 수 있다. 유로존 위기 시기에 대두되었던 좌파 포퓰리즘은 긴축세력과 금융자본을 '인민'의 외부에 놓았다. 2차 세계대전 이후 유럽의 사회민주주의 계열의 정당들은 계급정당으로부터 포괄정당으로의 길을 걸어갔다면, 21세기에 들어와서 특히 남유럽을 중심으로 유럽 극좌파는 계급정당으로부터 좌파 포퓰리즘으로의 길을 걸어갔다고 말할 수 있다.

라클라우(Laclau, 1985)부터 무프(Mouffe, 2005; 2018)에 이르기까지 좌파 정치이론의 변형을 이러한 전개를 이해하기 위한 이론적 배경으로 삼을 수 있다. 문제는 좌파 포퓰리즘 역시 현재의 사회위기를 넘어 새로운 사회통합을 설득력 있게 제시하지 못했으며 결국 정당체제의 교체에 실패했다는 점에 있다.

발전한 자본주의 국가들의 정치지형은 전통적인 포괄정당의 사회통합 능력의 상실, 극우 포퓰리즘의 대두에 따른 정치적 극단화라고 말할 수 있다. 새로운 사회통합 방식은 제출되지 못하고 있으며 민주주의 2.0이라고 부를 수 있는 새로운 사회협약은 아직 들어설 자리를 얻지 못하고 있다. 극우 포퓰리즘의 득세를 일시적 현상으로 보거나 단순히 정당체제 내의 주류 정당의 교체로 보는 것은 대단히 위험하다.

앞에서 밝혔듯이, 이는 단순히 정치지형의 변화에 국한된 현상이 아니라 거대한 사회균열을 표현하고 있기 때문이다. 제도적 민주주의와 포퓰리즘을 정치행태 차원에서 구분하고 제도적 민주주의가 쇠퇴할 때 포퓰리즘이 민주주의를 재생하는 역할을 할 수 있다고 바라보는 정치철학적 접근, 예를 들어 제도적 민주주의와 탈제도적 포퓰리즘의 대립과 교체 속에서 민주주의적 재생을 바라보는 케노번(Canovan, 1999)의 접근도 사태를 이해하는 데 크게 도움을 주지 못한다. 극우 포퓰리즘의 대두는 대의제의 대표성 위기 때문만이 아니라 그 배후에 놓여 있는 사회적 균열로부터 비롯된 것이기 때문이다.

근대 이후의 정치는 언제나 '인민의 의지'의 표현으로 이해되었으며 이는 지금도 여전히 타당하지만 동시에 고대 그리스부터 지금까지 정치의 본령은 '모두의 미래'를 둘러싼 논쟁이었다는 점을 기억할 필요가 있다. 전통적 포괄정당이 제시하는 '모두의 나라'와 '모두에게 좋은 경제'가 대중에게 설득력을 잃어버린 현재, 특히 21세기에 들어와서 민주주의가 성장통을 앓고 있는 것이 아니라 노인성 질환에 시달리고 있는 것 같은 현재를 이해하기 위해서는 민주주의 정치체제가 직면한 사회구조의 변화를 먼저 살펴보아야 한다.

무엇보다, 이제는 대다수가 눈치채고 있듯이 극우 포퓰리즘의 발흥은 경제적으로 "뒤떨어진 사람들"의 분개에 기대었으며(Gilman, 2016), 문화적 가치의 관점에서 과거에는 주류였던 사람들이 주변화의 위협을 느끼면서 변화에 반격했다는 점(Norris and Inglehart, 2019)과도 연관되기 때문이다.

극우 포퓰리즘의 위협에 맞서 민주주의 위기를 극복하기 위해서는 모두에게 더 좋은 미래를 가져올 새로운 사회협약을 위한 논의가 필요하다. 불평등 심화와 소득양극화에 대한 대안이 빠질 수 없다.

사회구조의 변화와 새로운 사회협약

제2차 세계대전 이후 20세기 민주주의 체제를 불안정하게 만든 사회구조 변화를 살펴보자면, 첫째로 신자유주의 이후의 극심한 경제적 양극화와 불평등의 심화를 들 수 있다. 한국뿐만 아니라 중심국가 모두에서 노동소득분배율은 추세적으로 감소했으며 경제성장률과 중위소득의 괴리는 심해졌고 일자리의 질은 떨어지고 있다. 사회통합의 관점에서 신자유주의 시대는 지속적인 위기의 시대였다.

하지만 이 요인만으로 극우 포퓰리즘의 발흥이 모두 설명되는 것은 아니다. 그래서 두 번째 요인을 살펴보아야 하며, 그것은 지구화의 충격이다. 지구화로 중심국 제조업의 공동화와 중심국으로의 이주민 증가가 동시에 나타났으며 이와 같은 지구화 충격으로부터 보호주의와 반이주 정책이라는 극우 포퓰리즘의 근본 골간이 형성되었다. 이와 같은 일종의 포스트지구화 효과가 없었다면 포퓰리즘 내부에서 우파 포퓰리즘은 주도성을 얻지 못했을 것이다.

세 번째로 들 수 있는 요인은 디지털 전환과 인공지능 기술혁명이다. 급격하게 진행되는 인공지능 기술혁명은 장기적 관점에서 일자리 상실에 대한 대중의 공포를 증폭시키며 반이주와 보호주의와 같은 극우 포퓰리즘의 구호로 대중을 이끌어 간다. 게다가 인공지능 기술혁명이 미·중 기술패권전쟁이라는 양상을 띠면서 글로벌 공급망의 재편을 낳았다. 글로벌 공급망의 재편으로 각국이 제조업 역내화 정책을 추진하면서 보호주의를 당분간 되돌릴 수 없는 추세로 만들었다.

이와 같은 사회구조 변화는 20세기 민주주의의 근저에 놓여 있는 사회협약인 자본과 노동 간의 일자리-복지동맹을 해체했으며 신자유주의 시대의 글로벌 협약인 지구화를 불안정하게 만든다. 이로부터 일자리 안정성에 기대어 온 20세기 사회협약 체제가 흔들리고 거대한 사회해체로 이어지고 그 속에서 극우 포퓰리즘의 동원정치가 기회를 얻을 수 있었던 것이다.

더욱 심각한 문제는 극우 포퓰리즘의 득세는 사회통합을 위한 진지한 정치적 논쟁이 이루어지는 것을 방해한다는 점이다. 극우 포퓰리즘은 정치적 논쟁을 미래를 둘러싼 대안들의 논쟁이 아니라 정치적 부족들의 전투로 바꾸어 버린다. 결국 극우 포퓰리즘의 위협에 맞서 민주주의 위기를 극복하기 위해서는 모두에게 더 좋은 미래를 가져올 새로운 사회협약을 위한 논의가 필요하다.

그러한 논의의 주제에는 불평등 심화와 소득양극화에 대한 대안이 빠질 수 없으며, 이 과정에서 20세기 황금기의 완전고용-고임금-고성장

모델과는 다르지만, 경제가 발전할수록 불평등이 축소되고 생태적 전환이 이루어지는 새로운 경제모델이 제출되어야 한다.

특히 기술혁신으로 소수의 지배가 공고해지는 대신에 혁신의 성과가 사회적으로 공유되면서 더 평등하고 자유로운 사회를 형성할 구체적인 정책수단에 대한 토론이 반드시 이루어져야 한다. 이러한 토론 속에서만 신자유주의 이후의 사회해체를 극복하면서도 과거의 사회협약과는 다른 새로운 사회통합 방식이 등장할 수 있다.

사실 새로운 사회통합 방식에 관한 논의가 사회적 논쟁의 쟁점이 된 지는 이미 오래다. 다만 주류 정치가 이를 반영하지 못했고 그 결과로 극우 포퓰리즘의 득세가 나타났다고 말할 수 있다. 결국 이러한 논쟁을 정치의 장으로 끌어들이는 것만이 민주주의 위기를 극복하는 길이다. 이러한 과정을 생략한다면 극우 포퓰리즘은 약화되지 않을 것이며 민주주의의 위기와 정치의 퇴행은 언제든지 반복될 수 있다.

참고문헌

Canovan, M. (1999), "Trust the People! Populism and the Two Faces of Democracy," Political Studies, 47, pp. 2-16.

Clake, John and Janet Newman (2017). "'People in This Country Have had Enough of Experts': Brexit and the Paradoxes of Populism", *Critical Policy Studies* 11(1), pp. 101-116.

Gilman, N. (2016), "Technoglobalisation and its discontents," The American Interest (The Roots of Rage), November/December, vol. 12 (2), 7-16.

Lacalu, Ernesto (1985). *Hegemony and Socialist Strategy*, 1985 [라클라우, 에르네스토 (2013). 『헤게모니와 사회주의 전략』 서울: 후마니타스.

McIntyre, Lee C. (2018)., Post-Truth, MIT Press.

Mudde, Cas (2004). "The Populist Zeitgest", *Government and Opposition* 39(4), pp. 541-563.

Mouffe, Chantal (2005). *The Return of the Political*. London: Verso.

Mouffe, Chantal (2018). For a Left Polulism, London: Verso.

Norris, Pippa and Ronald Inglehart (2019), Cultural Shock: Trump, Brexit, and Authoritarian Populism, Cambridge: Cambridge University Press.

Panizza, Francisco (ed.) (2005), Populism and the Mirror of Democracy, London and New York: Verso.

Taguieff, Pierre-André (1995). "Political Science Confronts Populism: From a Conceptual Mirage to a Real Problem", *Telos* 103, pp. 9-43.

제3장
정말 지금 보수와 진보가 대립하고 있는가?

윤 비(성균관대학교 정치외교학과 교수)

저출산·교육·양성평등·청년실업·노령화된 인구의 삶의 질 문제는 모든 발달된 자본주의국가가 맞닥뜨린 문제이다. 이런 문제에 좌파냐 우파냐의 잣대를 지나치게 들이대서는 안 된다. 각 정책이 어떤 결과를 낳을 것인가를 평가, 판단하는 데 있어서 이런 솔루션은 좌파적이고 저런 솔루션은 우파적이기 때문에 배제해야 한다는 식으로 생각해서는 안 된다는 이야기이다.

'빵'이냐 '이데올로기'냐

한국의 정치사에서 등장한 권위주의 정권과 지지자들이 지치도록 던진 질문은 '빵이냐 이데올로기냐' 하는 것이다. 논리는 이렇다. 민주주의, 자유, 평등, 인권 모두 좋은 이야기이다. 그러나 일단은 먹고 살아야 그런 것도 의미가 있다는 것이다. 여기서 먹고 살아야 한다는 짧은 문장에는 많은 메시지가 숨어 있다. '독재라도 참아야 한다. 불공정도 참아야 한다. 지금은 어쨌든 능력있는 누군가에게 과수원을 맡기고 우물을 맡겨 싹을 틔우고 나무를 키워야 한다. 지금은 내 밭을 좀 떼어주고 내 논에 물을 좀 못 대어도 그 과수원 나무들에서 꽃이 피고 열매 맺히면 그 과실은 함께 누릴 것이다.'

한국 전쟁이 가져온 파괴와 가난의 그늘에서 일어서야 했던 한국인들에게는 이런 이야기가 꽤 설득력이 있었다. 특히 1960년대부터 1980년대까지 이어진 고도성장기의 한국인들에게 이런 이야기는 상당히 매력적으로 들리기도 했다. 실제로 삶이 나아졌기 때문이다. 공업한국, 수출한국은 당시 초등학교 아이들이 미술시간에 그리던 포스터에 최고 단골 주제였다.

그러나 매력에는 한계가 있었다. 불공정과 불평등이 눈에 띄어도 너무 띄었다. 정부는 공정한 심판지기 아니었다. 열매가 열려도 정말 함께 누리게 해 줄 생각도 물론 없어 보였다. 반발하는 사람들에게는 빨갱이라는 이데올로기 공격이 가해졌다. 1970년대 민청학련 사건, 인혁당 사건, 1980년대 수없이 등장한 공안사건 중 상당수는 이런 식의 공격이었다. 물론 처음은 아니었다. 성장의 희망도 주지 못한 이승만 정권 아래에서는 아예 이데올로기 공격이 주를 이루었다.

1998년 김대중이 집권에 성공할 수 있었던 것은 빵의 논리가 파탄이 났기 때문이다. '배 하나는 부르게 해 준다'는 권위주의의 서사가 1997년 국가부채위기로 설득력을 잃었다. 김대중은 박태준, 김종필과 손을 잡으며 '산업화 세력과 민주화 세력의 연합'이라는 그림을 제시하며, 이제부터는 빵도 늘고 민주주의도 성장할 것이라는 미래 전망을 들고나왔다.

'빵이냐 이데올로기냐'라는 질문을 부활시킨 것은 이명박이다. 한국

경제가 저성장 단계로 접어들었다. 비정규직이 늘어나고 예상보다 훨씬 빨리 은퇴하는 직장인이 늘었다. 중국의 추격을 걱정하는 목소리도 높아졌다. 이명박은 여기에 대해 대단히 시대착오적이면서도 귀를 잡아끌 비전을 제시했다. '다시 많이 벌어들이면 된다!' 국내 경제성장률 7퍼센트, 10년 안에 1인당 국민소득 4만 달러 달성, 세계 7위 선진국을 만든다는 747공약은 이렇게 만들어졌다. (혹은 나중에 알려진 대로 '급조되었다.') 박근혜 정권으로까지 잔영처럼 드리운 고도성장의 환영은 박근혜 정권의 몰락과 더불어 거품처럼 꺼져버렸다.

'빵'과 더불어 '이데올로기'

오늘날 한국의 화두는 김대중이 이야기했던 '빵과 이데올로기'의 조화로운 결합이다. 다만 김대중과 같은 절충적 결합이 아니라 민주주의라는 '이데올로기'가 곧 '빵'이라는 것, 즉 강한 민주주의를 통해 강한 경제를 이룰 수 있다는 것을 보여주어야 한다. 학자들이 시민의 참여를 넓히고 보다 포용적인 정치제도를 갖는 것이 경제의 성장에도 핵심적이라는 사실을 꽤 설득력 있게 제시한 지도 오래되었다.

민주주의 정치제도 안에서 꾸준히 경제적인 활력을 보여온 미국이나 유럽 국가들은 희망을 갖게 한다.(비록 민주주의적 기본가치를 부정하고 심지어 폭동을 부추긴 인물이 가장 강력한 민주주의 국가의 대통령이 되는 일까지 발생하지만 돌이켜 볼 때 모든 정치이념과 제도의 발전에는 언제나 역전과 재역전의 순간이 있었다.)

따지고 보면 한국의 역사 자체가 이미 증거이다. 1950년대부터 성장해 온 민주주의적 시민사회는 어째서 한국이 일본과는 다른가를 설명하는 가장 중요한 요인 중 하나이다. 일본에서 떠올리는 정치의 대물림, 굼뜬 정부 변화는 선거제도나 관료들을 우대하는 특정 제도만의 문제가 아니다. 그 밑바닥에는 1970년대 이후 미지근해져 버린 시민들의 정치 관심, 정치 참여가 있다.

한국의 시민사회는 가난할 때부터 부유해진 지금까지 여전히 강한 민주주의적 지향성을 가지고 있다. 권위주의가 무너진 이후 정권도 정당도 시민들의 눈치를 보지 않을 수 없다. 뭔가 보여주지 못하면 다음 선거에서는 끌어내려 온다. 그사이에 부패든 권력남용이든 뭔가 문제를 일으키면 심지어 임기 중간에도 끌어내려 올 수 있다.

능력 있는 민주주의

민주주의의 강점 중 하나는 여러 개의 좋은 아이디어들이 충분히 경쟁할 수 있는 자유로운 광장을 열어준다는 것이다. 온갖 아이디어들이 부딪히다 보니 시끄럽고 종종 배가 산으로 갈 것 같은 느낌을 받기도 하지만(브렉시트처럼 정말 배가 산으로 가는 경우도 있다.) 잘 관리하면 사회의 발전과 안정을 위협하는 요소들을 미리 알아내고 문제를 해결할 좋은 해결책을 찾아내는 훌륭한 디딤돌이 되기도 한다. 대부분 한 사람의 눈과 아이디어보다는 여러 사람의 눈과 아이디어가 더 리스크를 잘 감지하고 더 나은 해결 방법을 찾아내기 때문이다.

한국방송대 일본학과의 강상규 교수가 잘 쓰는 표현을 빌자면 민주주의는 다중거울을 제공한다. 마치 여러 개의 미러를 골고루 살피며 달리는 자동차가 대개 목적지에 안전하게 도착하는 것처럼 민주주의는 안정된 국가경영을 가능하게 한다.

민주주의가 지닌 이런 장점은 한 국가가 주로 벤치마킹을 통해 성장하는 단계에서는 뚜렷하게 드러나지 않을 수도 있다. 벤치마킹이란 앞선 성공사례를 관찰하여 목표설정을 하고 이를 실현하기 위해 노력하는 것이다. 앞선 주자들이 시행착오를 거치며 찾아낸 방법을 카피하고 적용하는데 유난히 새로울 필요가 없다. 이런 일에서는 세워진 목표를 향해 일관되게 밀고 나아갈 추진력이 상대적으로 부각된다. 심지어 일방적인 상명하복식 소통방식이 일정한 시기, 어떤 측면에서는 효율성을 발휘하기도 한다. 그래서 벤치마킹을 통해 성공한 조직이나 국가의 사람들은 권위주의적인 의사결정모델을 긍정적으로 여기고 심지어 신봉하는 경우조차 존재한다. 멀리 볼 것 없이 박정희 정권 시기의 권위주의, 포항제철을 일으켜 세운 박태준의 '돌격 앞으로!' 모델에 적지 않은 사람들이 여전히 향수를 느끼고 지지를 보내는 한국이 그런 사례에 해당된다.

그러나 한 국가가 어느 정도 발전하면 이야기가 많이 달라진다. 1997년 외환위기에서 한국정부와 기업이 보여준 난맥상이 말해주듯, 일방적인 톱다운식 의사결정은 국가가 어느 정도만 발전해도 통하지 않는다. 통하지 않는 정도가 아니라 기존의 성과를 모조리 잡아먹고 그것도 모자라 공동체 전체를 파멸로 몰고 갈 수도 있다.

국가가 선진국의 반열에 올라서고 점점 퍼스트 무버가 될 것을 요구받는 상황에 이르면 아예 다른 발전전략이 요구된다. 그런 단계에서는 정치든 경제든 벤치마킹할 대상이 확 줄어든다. 실패한 예들만 수두룩한 경우도 많다. 그나마 성공한 것처럼 보이는 예들이라고 해도 정말 이것이 성공인지 아니면 내일 당장 실패로 결론이 날 것인지 쉽사리 예측하기 어렵다. 앞서 간 자의 손을 잡을 수 없다. 스스로 길을 열어야 한다. 바로 한국이 그런 단계에 와 있다. 저출산 문제, 교육 문제, 양성평등 문제, 청년실업 문제, 노령화된 인구의 삶의 질 문제는 모든 발달한 자본주의국가가 맞닥뜨린 문제이다. 딱히 눈이 번쩍 뜨일 해결책을 찾아낸 나라도 없다. 그런 나라가 있다고 해도 그 해결책이 한국에 제대로 쓰일 것이라는 보장도 없다.

국가가 이런 단계에 들어서면 그때부터는 다른 능력이 필요하다. 새로운 아이디어에 열려있어야 한다. 그런 아이디어들이 자유롭게 경쟁할 수 있어야 한다. 그를 통해 최적의 길을 찾아내야 한다. 이렇게 혁신이 문제가 되는 곳에서 민주주의가 여는 자유로운 공론장은 중요한 역할을 한다. 물론 기업처럼 민주주의적 경쟁 없이도 금전이나 명예 같은 보상 체계를 써서 특정 분야, 특정 시기에 혁신을 촉진할 수도 있다. 국가가 기업을 벤치마킹하여 특정 산업이나 기술 분야에서 그러한 혁신을 선도할 수도 있다. 그러나 우리가 말하는 것은 국가 전체의 발전이다. 국가가 높은 성장단계에 도달한 곳에서는 조화와 균형이 절실히 요구된다. 모두의 이해와 관심이 반영되는 것이 이상에 지나지 않을지라도, 적어도 모두가 말할 기회를 갖는 것이 사회심리적으로도 중요하다. 그렇지 않으면 사회는 엄청난 갈등과 균열을 겪게 된다.

그런 사회에서는 결국 기술과 산업의 혁신도 점점 느려진다. 기초과학 및 첨단기술 분야와 산업 분야에서 한동안 놀라운 발전을 이루었음에도 결국 주저앉고 만 소련이 그 예이다. 권위주의 결합한 경직된 관료 행정체제는 국가의 연구개발사업에도 부정적 영향을 주어 소련의 과학기술역량을 질식시켰다. 그나마 개발된 기술조차 경제적 부가가치를 낳는데 실패했다. 미국에 이은 세계 제2위의 경제대국이자 군사대국으로서 막강한 세력을 과시하던 소련이지만 장기간 사회경제적 침체를 겪게 되고, 여기에 아프가니스탄 전쟁과 미국과의 군비경쟁으로 인한 부담이 얹어지자 삽시간에 무너져 내리게 된다.

개방되고 참여적인 정치사회적 문화가 퍼스트 무버로서 앞으로 나아가는데 필수적이라는 점을 고려할 때 한국은 여전히 성장의 여지를 가지고 있다. 앞에서 이야기했듯 강력한 민주주의적 지향의 시민사회를 가지고 있기 때문이다. 앞서 이야기한 대로 한국보다 앞서 간 일본은 시민사회의 침체, 정치 엘리트의 세습, 관료주의의 오랜 지배, 고착화된 정치구조와 문화 때문에 이미 발전에 한계를 드러내었다. 요즘 유행하는 말대로 일본은 한참 전에 피크에 도달한 후 서서히 하강하고 있다. 그러나 일본이 멈춘 지점을 지나 더 앞으로 나아갈 포텐셜이 한국에는 아직 있다.

민주주의의 위기

물론 나는 지금처럼 가면 모든 것이 잘 될 것이라는 의미에서 한국의 미래에 대한 낙관론을 펴는 것은 아니다. 한국의 포텐셜을 깎아 내리는 요소들이 적지 않기 때문이다.

윤석열 탄핵 시대로 기억될 작년 12월 3일 이후 새롭게 정부가 들어선 오늘까지를 요약하는 몇 가지 단어가 있는데 그중 하나는 대립의 극단화이다. 탄핵을 요구하는 사람들과 탄핵을 반대하는 사람들로 나누어진 서울 거리는 민주주의는 대립과 갈등 속에 성장한다는 것을 신념으로 가지고 있는 사람에게조차 보기에 고통스러운 광경이었다. 그런 대립은 당장 6월 3일의 선거를 준비하는 기간에도 사라지지 않았으며, 앞으로도 쉽게 사라지리라고 보기 어렵다.

대립은 민주주의의 필연적인 요소이다. 그러나 모든 대립이 같은 것은 아니다. 위험한 대립이 있기 때문이다. 바로 진영관념에서 나오는 대립이다. 적과 동지의 구분에 기초한 이런 대립은 모든 이슈를 정치적인 득실의 차원에서 보도록 만듦으로써 합리적인 논의를 방해하고 문제해결능력을 떨어뜨린다는 것이다. 이미 한국의 공론장은 좌인가 우인가, 보수인가 진보인가 하는 이분법에 심각할 정도로 잠식되었다. 모든 사안에 좌파냐 우파냐의 잣대를 들이대는 것이 일상이 되었다. 분명히 좌파와 우파는 존재한다. 좌파와 우파가 생각할 수 있는 솔루션이 다를 수 있다는 것을 부정할 수도 없다. 다만 각 정책이 어떤 결과를 낳을 것인가를 평가, 판단하는 데 있어서 이런 솔루션은 좌파적이고 저런 솔루션은 우파적이기 때문에 배제해야 한다는 식으로 생각해서는 안 된다. 특히 퍼스트 무버로서 판단하고 행동해야 하는 경우가 많아질 때는 더욱 그렇다. 어떤 정책도 충분히 숙고하고 그 결과를 따져보기 전에 설불리

결정해서는 안된다. 심지어 다른 나라, 과거의 사례에서는 진보적이었던 정책이 현재에는 전혀 다른 의미를 갖고 예상치 못한 효과를 가져올 수도 있다. 좌파냐 우파냐 식의 진영논리는 합리적인 숙고를 어렵게 만든다. 손해보는 것은 결국 시민들이다.

더 문제는 아예 정치적 유불리에 따라 모든 판단을 한다는 것이다. 공공의 이익과 가치는 뒷전으로 밀리고 다음에 정권을 잡기 위해, 다음에 당선되거나 정부 언저리에서 한 자리를 얻기 위해, 혹은 내가 지지하는 정치인이 힘을 얻도록 하기 위해 사실을 휘고 판단을 틀어버린다. 기회주의와 무원칙이 판을 치는 이런 땅에서 공동체가 성장하기를 바라는 것은 나무에서 물고기를 찾는 것과 다름없다.

사실 한국의 정당 지형은 이데올로기적으로 균질한 편이다. 정치학자로서 당혹스러운 것은 한국에서 좌파와 우파, 보수와 진보라는 개념을 써야 할 때이다. 앞서 한국의 공론장이 좌파냐 우파냐라는 이분법에 의해 점령당했다고 말했지만, 사실 이런 대립이 정말 현실에 존재하는지는 심각히 따져보아야 할 문제이다. 당장 좌파 혹은 진보로 분류되는 민주당의 경우 1955년 창당 때부터 반공안보정당으로 성장해 왔으며, 시장주의의 틀에서 크게 벗어나 본 적도 없다. 북한과 관계 개선이나 중국과 관계 심화를 추구하기는 하지만 이것을 민주당의 이데올로기적 친화성 문제로 가지고 가기는 어렵다. 대기업에 대한 규제나 복지정책에서 사회민주주의적인 사고가 보일 때도 있지만, 이를 두고 민주당을 진보정당으로 분류하는 것은 범주판단의 오류이다. 민주당은 반권위주의와 진보적 자유주의 사회경제정책을 추구하고 있다고 보는 편이 정확할 것이다.

한국 민주주의의 약점 중 하나는 이런 민주당이 사실상 진보의 목소리를 독점하고 있다는 것이다. 민주당의 이념적·정책적 스펙트럼에 들어오지 않는 다른 목소리는 울며 겨자 먹기로 민주당을 비판적으로 지지하거나 아니면 온갖 어려움을 무릅쓰고 대안의 목소리를 내려고 시도하다가 좌절하거나 그것도 아니면 정치에 등을 돌릴 수밖에 없다. 민주노동당 이후 사회민주주의적 어젠다를 가진 진보정당을 건설하려는 시도들이 어떻게 좌절했는가를 본다면 이를 쉽게 짐작할 수 있다.

극우 지지층에 기대는 보수, '비전의 빈곤'

그럼에도 불구하고 왜 이렇게 한국의 민주주의는 고함소리로 가득한가? 가장 결정적인 원인은 보수라고 분류되는 현 국민의힘, 그리고 그 전신을 이루는 당들이 제자리를 잡지 못하고 있기 때문이다. 한국 보수정당의 계보는 1950년대부터 1980년대로 이어지는 권위주의의 지배와 깊은 관련이 있다. 극단의 반공주의, 극단의 성장 우선주의, 극단의 국가주의를 내세운 권위주의 정권의 언저리에서 성장한 이들 당은 하나같이 강성우파의 모습을 지니고 있었다.

1987년 민주항쟁 이후 이들 보수정파가 과거의 그림자를 털어낼 기회가 없었던 것은 아니다. 1989년 노태우·김영삼·김종필이 합당하여 민주자유당을 만들었을 때 보수의 새로운 이념적 방향타를 세울 수 있었다. 이후 김영삼은 권위주의적 과거와의 절연을 강하게 밀어붙임으로써 여기에 힘을 보탰다. 그러나 김영삼 정권은 내부적인 부패와 비효율, 무능으로 지지기반을 잃어버렸으며 이 가운데 경제위기라는 충격까지 가해지면서 완전히 침몰해 버렸다.

그 이후 보수는 독자적인 정치·사회·경제적 비전을 수립하는 데 실패했다. 이명박 정권은 1970년대에나 가능했을 성장우선주의적 어젠다를 강하게 밀어붙이다가 공정의 이슈에 걸려 좌초했다. 박근혜 정권은 아예 퇴행으로 일관했다.

보수가 비전의 빈곤을 메꾸는 방법은 반공이데올로기와 색깔론에 기대는 것이었다. 문재인 정권 이래 보수는 '좌파 정권은 안되므로 우리'라는 식의 전략으로 일관했다. 조국 전 조국혁신당 대표로부터 시작된 공정성 시비가 불거지지 않았더라면 과연 국민의힘이 지금처럼 집권당이 되었을지조차 의문이다.

그러나 집권 이후 보수의 정치적 비전의 빈곤은 금세 분명해졌다. 나는 지난 총선에서 국민의힘이 궤멸적 패배를 겪은 이유는 궁극적으로는 경제발전, 사회문제해결, 복지, 안보 등 어느 하나도 제대로 된 비전을 제시하지 못한 채 오히려 1970~1980년대에나 들을 법한 이야기들을 반복한 데 있다고 생각한다.

더욱 절망적인 것은 보수가 이런 사태를 직시하고 비전의 빈곤을 넘어서려고 노력하는 대신 극우적 지지층에 기대어 요행을 바라고 있다는 것이다. 심지어 헌법재판관을 인신공격하고 헌법재판소를 없애라고 외치고 재판소에 난입한 사람들에게 공감을 표시하기도 한다. 이런 비전의 빈곤과 퇴행은 대통령 선거를 거치면서도 전혀 바뀐 것이 없다. 어떤 세상으로 국가를 이끌 것인가에 대한 이야기가 있어야 할 자리를 '누구는 안되므로 우리를 밀어달라'는 구호가 차지하고 앉아 있었다.

이번 대통령 선거에서 김문수 후보는 40퍼센트를 상회하는 지지를 얻었다. 대한민국 보수가 그동안 보여준 퇴행성을 생각하면 '뛰어난' 성적이다. 그러나 여러 여론조사에서 국민의힘에 대해 지지가 생각만큼 낮지 않은 것은 이런 행보에 시민들이 지지를 보내기 때문이 아니라, 양당제나 다름없는 현 정치 지형에서 민주당과 이재명에게 의구심을 품거나 반대하는 시민들이 힘을 보태주고 있기 때문이다. 극우 지지층의 연호에 취해 거기에 미래가 있을 것처럼 착각해서는 안 된다.

극우에 길은 없다. 시민이 자유라는 가치 측면에서만 말하는 것이 아니다. 순전히 경제적인 차원에서 보아도 그렇다. 한국은 수출로 커온 나라이고 앞으로도 그렇게 커갈 것이다. 한국의 기업은 오로지 글로벌 규범을 지킴으로써만 글로벌 플레이어로 역할을 계속할 수 있다. 그리고 그 글로벌 규범은 상당 부분 자본주의 세계체제를 선도한 서구민주주의 국가들에 의해 세워진 것이다.

한국의 기업이 지금 글로벌 플레이어로 달리고 있다면 그것은 이미 민주주의적 전환의 길에 들어섰고 거기서 어느 정도 성과를 거두고 있기 때문이다. 한국 기업의 리더들은 정경유착이나 비민주적 관행에 기대어 성장하기를 바라지 않는다. 친기업적인 정책과 정경유착을 착각하지도 않는다. 권위주의 정권에서 경제가 가장 잘 성장할 수 있고, 죽은 박정희를 되살려 권좌에 앉혀 놓으면 다시 한국경제가 연 7퍼센트, 8퍼센트, 9퍼센트 뛸 수 있다고 생각하는 사람이 있다면 지금은 반세기 전

1970년대가 아니라고 이야기해 주어야 한다.

민주당은 양당제적 사고에서 벗어나야 한다

반권위주의와 (상대적으로) 진보적인 자유주의를 표방하는 민주당 역시 현재 한국정치의 답보와 난맥상을 풀기 위해 적극적으로 나서야 할 책임이 있다. 앞서 지적했듯 민주당은 지금의 양당 체제의 수혜자이다. 그러나 민주당에 남은 시간이 그리 많아 보이지는 않는다. 우파 보수뿐 아니라 민주당에도 마음을 두지 않는 부동층이 계속 늘어나고 있기 때문이다.

2012년 이래 한국의 대통령선거 참여율은 75.86퍼센트, 2017년 77.2퍼센트, 2022년 77.1 퍼센트를 기록했다. 사전투표제도를 위시하여 선거 참여를 독려하기 위해 다양한 조치가 취해졌고, 박근혜와 문재인이 대결한 2012년 대통령 선거, 박근혜 탄핵 후의 2017년 대통령 선거, 이어진 2022년 대통령 선거까지 모두 흥행 요소가 충분했음에도 투표율이 75~77퍼센트에 머물러 있다는 사실은 쉽게 보아넘길 일이 아니다. 민주주의를 지켜야 한다는 구호는 요란한데 네 명 중 한 명은 누가 되어도 상관없다거나 혹은 누구도 싫다는 입장을 보이고 있기 때문이다. 이런 상황은 근본적으로 극복되지 못하고 있다.

이번 대통령 선거에서 80퍼센트에 가까운 투표율이 나왔고 이를 두고 어떤 보수 논객은 투표할 수 있는 사람은 모조리 다 투표하러 나온 것이라고 코멘트를 했지만, 과연 정말 그런지는 생각해 보아야 할 일이다. 박근혜의 실정과 국정 파탄을 아득히 뛰어넘는, 대통령의 이유 없는 계엄령 선포라는 충격적인 사건에서 비롯된 선거였음에도 다섯 중 한 사람은 선거에 나오지 않았다. 직접적인 비교는 어렵지만 6월 항쟁이후 열린 제13대 대통령 선거에서 89퍼센트에 달하는 투표율을 달성했고, 한국보다 높은 투표참여율을 보이는 해외의 나라들도 여럿 있다는 점을 감안하면 결코 상황을 낙관할 수 없다.

이런 정치 무관심 내지 정치혐오층, 혹은 마음 둘 곳을 찾지 못한 시민들이 '제3의 길'을 내세우는 정치 선동에 매우 민감하게 반응할 수 있다는 사실은 이탈리아나 다른 나라의 경험이 이미 충분히 보여주고 있다.

민주딩은 양당제적 사고에서 벗어나야 한다. 양당제적 체제의 선거에서 승리하면 쉽게 자신들이 선택받았다는 착각을 하게 된다. 이제 우리가 원하는 대로 할 수 있는 시간이 왔다고 여긴다. 그러나 민주당에 지지를 보낸 적지 않은 사람들에게 진실은 '저쪽이 더 싫었다'에 가깝다. 양당제에 존재하는 인식의 함정이다. 이것을 깨닫지 못하고 혼자 움켜쥐고 내달리겠다고 생각할 때 몰락이 시작된다.

민주당은 자유주의적 민주주의의 제도와 이념에 동의하는 정치집단이 힘을 합칠 수 있도록 때로 자신이 움켜쥔 것을 내려놓아야 한다. 권위주의에 대해 뚜렷하게 선을 긋는 모든 사람이 함께 성장할 수 있는 울타리를 쳐 줄 수 있어야 한다. 그리고 그 안에서 경쟁해야 한다. 모든 공동의 노력이 그렇듯 반드시 민주당이어야만 한다고 고집해서는 안 된다.

왜 문재인 정권의 장관이 유승민일 수 없었다는 말인가? 왜 바른미래당과 함께 할 길을 적극적으로 모색하지 않았는가? 다르기 때문이었다고 말해서는 안 된다. 정치는 어차피 서로 다른 사람들이 타협을 통해 공통의 목표를 설정하고 풀어가는 것이다. 누군가는 협치를 하려 하지 않았던 것이 아니라 아무리 노력해도 그런 노력을 야당이 받아주지 않았다고 말할 것이다. 그러나 과연 시민들이 그렇게 평가할지는 잘 모르겠다. 적어도 나는 새로 들어선 정부가 과거보다 더 영리하고 더 적극적으로 함께 하는 길을 모색하기를 바란다. 지역갈등과 세대 갈등에 이어 같은 연령대에서도 성별에 따라 정치 성향의 차이가 확연하게 달라진 오늘의 현실, 극한의 분열 앞에 선 한국의 현실에서 다른 길은 없기 때문이다.

제4장
분열의 광장에서 환대의 광장으로…
정치여, 응답하라!

박혜영(인하대학교 영어영문학과 교수)

2025년의 촛불은 무엇을 이룩할 수 있을까?
그 답을 찾으러 광장에 나간다.
광장에서 내 마음을 사로잡는 것은 서로 나누는 환대,
서로 배려하는 다정함, 기대고 싶은 따뜻함이다.
이제 정치가 응답의 책임을 다할 시간이 다가오고 있다.

열린 광장에서 닫힌 광장의 시대로

광장의 모습과 성격은 시대와 나라별로 조금씩 다르지만, 모든 광장에는 한 가지 중요한 공통점이 있다. 광장이란 도시 한 가운데에 자리한 열린 공간이다. 고대 그리스의 아고라와 로마의 포럼에서부터 서울의 시청·광화문·여의도에 이르기까지 광장은 모두 열려있다. 이 점에서 집과 같이 닫혀있는 사적공간과 구별된다.

아테네 시민들은 아고라 광장에 모여 물건을 사고팔거나 시민회의를 하고 정치토론을 했다. 로마는 광장에 개선문이나 콜로세움을 세워 지배력을 과시하거나 시민들을 북돋웠다. 중세를 거쳐 지금까지도 광장은 다양한 기능을 수행하며 변모를 거듭하지만, 사람들이 서로 만나는 열린 공간이라는 특징에는 변함이 없다.

서울의 경우 시청과 광화문 일대는 2002년 월드컵 한일전 응원, 광우병 소고기 반대 집회, 세월호 촛불시위에 이르기까지 좋은 공동체를 만들고자 모르는 사람들이 한마음으로 모였던 장소다. 특히 2016년 12월 3일에 있었던 박근혜 퇴진 범국민행동 시위에는 역사상 최대 인원인 170만 명이 운집함으로써 광화문에서 숭례문에 이르기까지 광장은 하나가 되었고, 정치적으로도 최고의 압박을 기록했다.

그러나 점차 광장의 모습이 달라지기 시작했다. 광장이 닫히기 시작한 것이다. 2018년 전광훈 목사의 기독교 단체가 반문재인 집회를 시작하며 광화문을 독차지한 뒤부터 광화문 광장은 닫히게 되었다. 광장을 독점하기 위해 이 단체의 지킴이들은 365일 24시간 경찰서에 상주한다. 선착순 집회신고에 언제나 성공함으로써 광화문 광장은 2025년까지도 이 단체가 독차지하는 사적공간이 되고 말았다.

광장의 외적 형태만 달라진 것이 아니다. 질적인 변화도 따라왔다. 광장이 분열되기 시작하였다. 한마음 한뜻으로 170만 명이 운집하던 광장은 이제 극단적인 대립과 혐오가 난무하는 대치의 장소가 되고 있다. 문재인 정부에서 시작된 갈등과 분열의 조짐은 윤석열 대통령의 계엄령을 계기로 적대적 혐오와 폭력으로 치닫고 있다.

심지어 같은 극우기독교 내에서도 광화문파와 여의도파로 분열되었다. 분열에 분열을 거듭할수록 상대에 대한 혐오와 적대는 더욱 커진다. 마침내 국민의힘 서천호 의원은 "선거관리위원회와 헌법재판소를 때려부수자"며 입법자로서의 책임을 망각하고 민주주의와 법치까지도 흔들고 있다. 헌법재판소 판결 이후 광장이 어떻게 될지 염려스러울 수밖에 없는 이유다.

광장에서 본 환대와 적대

누구나 집에서 바깥 공간으로 나가면 낯선 타자들과 마주치게 된다. 레비나스(Emmanuel Levinas)에 따르면 고통스러운 연약한 타자의 얼굴은 나에게 연대의 책임을 호소한다. 레비나스의 주체성은 데카르트적 사유가 아니라 타자에게 응답하는 관계적 책임을 다함으로써 형성된다.

가령 우리는 세월호 집회에서 맞닥뜨리는 슬픔에 찬 타자의 얼굴에 응답함으로써 윤리적 책임을 다하는 주체가 되는 것이다. 해러웨이(Donna Haraway)도 책임이란 무엇보다 응답하는 능력(response+ability)이라고 말했다.

물론 계엄령 이후 탄핵 광장에서 만난 사람들은 고통에 찬 연약한 얼굴은 아니다. 오히려 반대라고 할 수 있다. 자발적인 선결제로 빵집, 식당, 카페에서는 환대가 넘쳐났고, 거리에서는 공짜로 먹을 것을 나눠주었다.

알록달록 응원봉을 들고, 노래를 부르고, 기발한 자가 제조 깃발을 흔드는 젊은 여성들도 많았다. 집회가 이리 재미나고 순하고 다정해도 되나 싶을 정도로 평화로웠다. 낯선 타자가 주는 존재의 거리감은 사라지고 다가온 얼굴에는 무기력이나 절망감이 아니라 흥겨운 해방감이 가득했다.

반면, 탄핵 반대 집회에는 태극기와 성조기, 이스라엘 국기와 십자가, 그리고 분노에 찬 얼굴들이 많았다. 연단에 올라가는 청년들은 주로 남성들이고, 이들은 소위 꼴페미에 대한 적개심과 동일한 정도로 중국과 공산주의에 대한 혐오를 드러냈다.

잘못된 인식과 이념적 믿음에 근거해 표출된 적대와 분노는 1월에 있었던 서부지법 난동에서 보듯이 사회를 향해서도 매우 폭력적이 된다. 이제 광장은 분열되고, 더이상 내면의 정화나 흥겨움, 혹은 타자에 대한 연민과 공감의 장소가 되지 못한 채 오직 혐오와 적대로 뒤덮여 가고 있다.

환대와 적대는 그 차이가 아주 간단하다. 영어로 환대는 hospitality이고 적대는 hostility지만, 두 단어의 어원은 '먹여 주다'로 같다. 즉 환대는 낯선 타자를 먹여 주는 것이고, 적대는 먹여 주지 않는 것이다. 집을 떠난 여행자에게 가장 아쉬운 것이 먹을 것과 잠잘 곳일 테니 호스트가 손님을 잘 대해주면 그 손님은 적대감을 가질 필요가 없다.

혐오는 영어로 disgust인데 이 역시 먹는 것과 관계가 있다. 맛을 보지 않겠다(dis+gust)는 의미가 어원이다. 음식에서 시작되었지만, 혐오는 불결하고 부패하고 싫은 어떤 것도 가까이하지 않으려는 감정이다. 혐오는 공감과 달리, 타자에 대한 의도적인 거리감 유지를 통해 지속된다.

따라서 적대와 혐오가 증가하는 곳에서는 타자에게 가까이 다가가려는 공감과 연민이 나타나기 어렵다. 문제는 다른 존재에 대한 공감과 연민 없이 좋은 공동체가 형성될 수 없다는 것이다.

우리는 왜 적대사회가 되었을까?

그렇다면 적대와 혐오로 서울 광장이 분열되고, 이토록 폭력적인 편가르기가 확산된 이유는 무엇일까? 물론 많은 이유가 있겠지만 가장 중요한 이유는 누구나 노력하면 좋은 삶을 살 수 있다는 성장주의 시대의 낙관주의를 떠받쳐 주던 물적 토대가 무너졌기 때문이다. 물론 이런 낙관주의는 사실상 처음부터 환상에 지나지 않는다.

하지만 한때 급속한 경제성장 시절에는 일부의 사람들이 노력을 통해 중산층에 진입하기도 했다. 지금은 저성장 시대일뿐 아니라 계층화도 공고해져 계층을 올라가는 사다리는 걷어차인 지 오래다. 그럼에도 불구하고 사람들은 여선히 좋은 삶, 다시 말해 중산층의 행복한 삶에 대한 애착을 버리지 못한 채 자신을 갈아 넣고 있는 것이다.

문제는 이런 잘살려는 노력이 오히려 삶을 더욱 위태롭게 만드는 악순환을 낳고 있다는 점이다. 신자유주의의 능력주의 이데올로기에서 발생한 이런 정동적 변화를 벌랜트(Lauren Berlant)는 '잔인한 낙관'이라고 불렀다.

박근혜 정부 때 우리 청년들은 한국을 헬조선이라 비판하며 탈출을 갈망했다. 여기서 헬조선은 비단 청년들이 직면한 취업난만 의미하는 것이 아니다. 그보다는 능력을 키우라며 '노오오력'을 강조하지만 실제로는 공정하지 못한 사회체제로 인해 노력하면 할수록 희망보다 절망을 펌프질하게 되는데 있다.

이때 경쟁에서 밀려난 루저들은 혐오의 대상으로 전락한다. 청년들은 N포 세대가 되어 열정페이에 온몸을 갈아 넣지만, 기득권층은 공정·

정의·상식이 아닌 더 많은 노력만 요구할 뿐이다.

임시적·일시적·간헐적·불안전한 노동이 늘어가면서 삶은 더욱 위태로워졌지만 넘어야 할 허들은 한번으로 끝나지 않는다. 각자도생의 체제가 공고해지면서 삶의 위기는 일상화되고, 좌절은 더욱 깊어지는 것이다. 지속되고 있는 OECD 최고의 자살률과 최하의 출산율은 우리 사회가 공동체로서의 기능을 빠르게 잃어가고 있음을 잘 보여준다.

금수저로 태어나지 않은 이상 탈출에의 희망은 자기계발 뿐이지만, 우리 사회의 빈부격차는 나날이 증가일로에 있다. 한국보건사회연구원의 조사에 따르면, 한국인 10명 중 8명은 우리 사회가 소득, 부동산, 일자리 등의 모든 사회적·경제적 조건에서 격차가 심각하다고 생각한다고 발표했다.

격차는 지역별, 직군별, 연령별, 소득별, 자산별, 성별을 망라한 모든 분야에서 중요한 키워드가 된 지 오래다. 심지어 전문직에서조차도 양극화가 극심해져, 변호사와 회계사의 경우도 상위 10%가 전체 소득의 80%를 차지한다. 하위에 속하는 대다수는 결국 자신을 갈아 넣어서 살 수밖에 없는 것이다.

벌랜트는 이런 상황을 '더딘 죽음'(slow death)이라고 불렀다. 잔인한 낙관에 의지해서 자신을 갈아 넣으며 살다 보면 심신이 모두 쇠약해져 죽음과 다름없는 더딘 상태가 계속된다는 것이다. 저마다 잘 살려고 애쓰는데, 그 애씀으로 인해 실상은 잘못 살게 되는 셈이다. 오늘이 내일을 망치는 그런 삶을 좋은 삶이라고 할 수는 없다.

격차사회는 결국 적대사회로 갈 수밖에 없다. 사람은 누구나 좋은 삶에 대한 욕망이 있는데, 그 욕망을 구현할 방법이 한 가지 사다리밖에 없는 사회에서는 소수만이 좋은 삶을 살 수 있기 때문이다. 오르지 못한 대다수는 그 소수를 선망하고, 자기와 같은 처지에 있는 자기 옆의 다수를 혐오하며, 결국은 약자들끼리의 상호 적대감만 커지게 된다.

이질적인 타자와의 대화와 타협, 공생과 연대가 불가능한 사회라면 기후위기에 따른 재난이 닥치지 않더라도 지속가능할 수가 없다.

> 2016년의 촛불은 정권교체에는 성공했지만
> 경제민주화에는 성공하지 못했다.
> 당시 촛불을 들었던 많은 청년들은 '저녁이 있는 삶'을 갈망했지만
> 이후 더욱 벌어진 격차로 인해 생존의 위태로움은 더 커지고 있다.

희망의 전조도 광장에 있다

낭만주의 시인인 블레이크(William Blake)는 인간사회의 타락은 분열과 분리에서 시작된다고 보았다. 차이로 서로를 끝없이 가르고 나누는 뺄셈의 방식으로는 좋은 사회를 만들 수 없다. 19세기 영국제국주의의 식민지 통치전략도 '분리 통치'(divide and rule)였음을 생각해보라.

격차가 점점 커지는 곳에서 광장은 닫힐 수밖에 없다. 흔히 이제 신자유주의 경제체제는 끝나고 보호주의 경제체제가 도래했다고 말하지만, 정동적 관점에서 보자면 우리는 여전히 신자유주의 정서에서 벗어나지 못하고 있다. 경쟁에 따른 승자독식과 결과적 차별을 공정이라고 믿으며, 더 많은 자기계발에 매진하느라 심신을 소진하며 살고 있기 때

문이다.

그렇다면 변화는 어떻게 가능할까? 2016년의 촛불은 정권교체에는 성공했지만 경제민주화에는 성공하지 못했다. 당시 촛불을 들었던 많은 청년들은 '저녁이 있는 삶'을 갈망했지만 이후 더욱 벌어진 격차로 인해 생존의 위태로움은 더 커지고 있다.

이제는 연애, 결혼, 육아 등 누구에게나 자연스럽던 생애주기가 '선택'을 넘어 소수만 누릴 수 있는 '특권'인 사회로 치닫고 있다. 협치와 공생을 원했건만 대립과 적대는 더욱 깊어졌다.

2025년의 촛불은 무엇을 이룩할 수 있을까? 그 답을 찾으러 광장에 나간다. 광장에서 내 마음을 사로잡는 것은 서로 나누는 환대, 서로 배려하는 다정함, 기대고 싶은 따뜻함이다. 이제 정치가 응답의 책임을 다할 시간이 다가오고 있다. 정치여, 부디 이번에는 제대로 광장의 호소에 응답하라!

제5장
좌담: 대한민국의 미래와 과제

- 일시: 2025년 4월 1일(화) 오후 5시~7시
- 장소: 서울대 인문학연구원
- 사회: 이강재 서울대 중어중문학과 교수
- 참석: 금민 정치경제연구소 대안 소장, 안재원 서울대 인문학연구원 교수, 윤비 성균관대 정치외교학과 교수
- 정리: 김봉억 교수신문 편집국장

민낯 드러낸 '비전의 빈곤'…다양성 가치 키우는 정치체제로
국민주권, 입법만이 아니다…행정·사법 권력도 국민으로부터

기획에 대한 평가와 우리나라의 현 상황

이강재: 이번 좌담회는 장기적인 우리나라의 미래에 대한 생각을 나눠 보려고 합니다. 그동안 우리 사회는 단기적인 입장으로 사회문제를 바라보다 보니 건강한 공론의 장이 이뤄지지 않았습니다. 이런 현실에서 벗어나 장기적인 관점으로 논의하는 자리가 되길 바랍니다.

그동안 바쁘신 가운데도 교수신문 기획연재 '대한민국의 미래를 논하자'(3월 3일자~31일자)에 참여해 주셔서 감사합니다. 지금 겪고 있는 이 위기가 결국은 우리 자신을 다시 한번 성찰하고, 성장시키는 기회가 됐

으면 좋겠다는 생각에서 이번 기획을 시작하게 됐습니다. 간단하게 논평하면서 좌담을 시작하겠습니다.

안재원: 미래는 청사진을 이야기해야 하는데, 우리 앞에 놓인 각박하고 절박한 현실을 말해야 하기에 오늘 논의가 블루프린트(blueprint)가 아니라 블랙프린트(blackprint)가 되어야 할 듯 싶습니다. 아니면 미래라는 그냥 빈 종이 상태(tabula rasa)로 놓고 말하는 것이 솔직할 지도 모르겠습니다.

아무튼 시스템 진단과 같은 전통적인 담론 구성과 논쟁이 있었는데 이제는 그 틀을 벗어나 얘기를 해야하는 시점이 아닌가 싶었습니다. '사회 대개혁이 필요하다'는 식으로 제안하면 사람들은 '개혁 피로감'으로 너무 피곤하게 느끼는 것 같습니다. 그래서 다른 방식의 담론으로 접근하려고 한 것이 이번 연재가 아닌가 싶어요.

그 첫 번째가 지금 한국 사회는 경제적으로나 사회적으로 상당히 다변화되고 다양화돼 있는데, 반영이 안 되고 있어요. 민주주의 논쟁을 할 때도 이른바 소수자 논쟁은 주변화시켜서 빠져버리죠. 그러다 보니까 어떤 제도 개혁적인 측면만 논의되고 사람과 사회의 성숙과 같은 논의는 빠지지 않았나 싶었습니다. 우리 사회도 규모가 커지면서 전혀 다른 독재 형태도 나타났고 연성 파시즘과 같은 것도 경험하고 있었는데 이런 것을 포착하지 못하고 지나가기도 했죠. 이번 계엄 사태도 이와 무관하지 않다고 봐요.

금민: 우선, 이번 기획연재는 시의적절했습니다. 보통 이런 연재를 하면 단기 해법 중심으로 사회과학적 접근을 하는데, 장기적인 미래를

주제로 한 것은 좋았다고 생각합니다. 단기 해법 중심으로 가면, 사회 개혁 아젠다가 뭐냐 이렇게 나왔을 텐데 그것보다는 안목도 넓고, 특히 '탄핵 광장'에 대한 분석은 굉장히 미시적이고 인간에 대해 썼었죠. 인상적이었습니다.

윤비: 지금 한국 사회의 변화를 얘기하면 전제로 하는 것이, 같은 비판적 관점으로 이야기하더라도 상대방과 내가 모든 점에서 일치할 거라고 생각하지 않거든요. 한국 사회의 담론이나 이슈가 그만큼 다양화됐다는 거예요. 이런 점을 이번 기획연재도 충분히 고려했다고 생각합니다.

이런 얘기를 할 때도 우리가 어느 정파의 편을 드는 게 아니라고 전제해야 하잖아요. 이건 뭘 의미하느냐 하면, 한국 사회가 가진 담론의 다양성을 담기에 오늘날의 정치 담론의 양극화, 시각의 양극화가 너무 심하다는 거죠. 어떤 이야기를 하든 간에 당장 너는 친정부냐 반정부냐, 좌파냐 우파냐는 잣대로 사람들을 갈라버리는 것이죠. 특히 윤석열 정권이 가지고 있었던 가장 큰 잘못은 한국 사회가 가진 담론의 다양성을 담기는커녕 오히려 퇴행적인 패러다임으로 제한하려고 했다는 겁니다.

안재원: 인상 깊었던 글이 있는데요. 금민 선생님이 쓰셨던 '민주주의의 위기와 대안'은 한국 사회의 극우화 현상을 이해하는 데 도움이 됐습니다. 독자들의 반응도 민주주의 위기의 세계적인 현상에서 불평등 얘기를 많이 하고 있는 것 같습니다.

윤비 선생님은 '내 편이니까 맞고, 저편이니까 아니다'라는 우리 사회의 진영론적 시각을 지적한 부분이 아주 좋았습니다. 포스트트루스와는 다른 지적이었습니다. 박혜영 선생님의 글에 대해서는 '위로의 힘'을 받았다는 평도 많았습니다. 지쳤을 때 힘을 주고, 돌보는 느낌을 받았다고요. 그리고 고태우 선생의 한국 사회에 만연한 성장론에 대한 비판도 인상적이었습니다.

아울러서 교육 기관으로서 문명을 유지하고 관리하는 역할과 기능도 다른 어느 시기보다 중요해 보입니다. 디지털 문명의 급속한 확산은 음모론과 반지성주의의 동반자이기 때문입니다. 도승연 선생님께서 제안해 주신 문명의 비판자이자 파수꾼으로서 대학의 교양교육의 활성화 정도가 이제 막 피기 시작하는 민주주의 2.0 시대의 성숙 동력이 될 것입니다. 자본과 기술의 거대한 물결에 휩쓸려 다니지 않도록 사람을 위한 인문성인 후마니타스의 활성화도 중요하지요. 결국 대학의 존립 근거는 인문정신에서 확보되기 때문입니다.

윤비: 포스트트루스 말씀을 하셨는데, 포스트주의에 대해서는 굉장히 무책임한 이야기를 종종 한다고 생각했었어요. 현실에서 어떻게 작용할지 충분히 생각하지 않은 경우가 많았습니다. 이번에도 마찬가지예요. 민주적 문제가 시험에 부딪히면서 모든 입장에는 다 똑같은 가치가 있다고 말하는 사람들은 사실상 도태될 수밖에 없는 상황이에요.

진짜 극단적인 포스트주의에서 12월 3일 그날 밤, 헌법을 침해하는 행위가 일어났다, 일어나지 않았다를 놓고 '해석의 문제'라고 돌릴 수 있는 사람은 없을 테니까요. 최근에 논란이 됐던 '극우를 배제해서는 안 된다, 극우와 함께 살아가야 한다'는 입장을 얘기한 분이 있었죠. 그런 입장도 하나의 입장인데, 이런 비판 담론 자체도 이번에 한 번 정리될 것으로 생각해요.

안재원: 12월 3일 밤에 일어난 사태, 팩트가 있는데 그걸 해석으로 덮으려고 하는 소위 포스트트루스라는 걸 갖고 이용하는 방식이고, 이렇게 포스트 담론이 오용되고 남용되고 있는 건 사실이죠. '말 기술', '법 기술'하는 것들이 다 그 방식을 타고 들어오는 형식이고 그 점에서는 명확하게 팩트와 해석의 관계는 지적하고 넘어가야 할 부분이 있죠. 특히 보수층, 합리적 보수라고 얘기하는 제도권 보수라고 하는 사람들이 그쪽으로 휩쓸려 간 것은 심각하다고 봐요.

금민: 포스트트루스의 사회기술적 기초에 대해서도 따져볼 필요가 있습니다. 디지털 전환과 함께 포스트트루스 문제가 대두된 거지요. 디지털 전환 이전에는 전문가주의로 귀결되는 진리정치와 진리로부터 이탈 가능성이 큰 대중민주주의의 대립이 정치적 논쟁이었지요. 그런데 지금의 탈진리 정치, 포스트트루스 정치라는 것은 진리에 대한 전문가의 독점에 대한 비판이라기보다 사실은 조작의 정치거든요.

사실은 누군가가 유튜브 뒤에서, AI 자본 뒤에서 방향성을 설정하고 때로는 직접적으로 진리를 주입하는 것이고, 디지털 미디어와 함께 통제와 조작의 시대로 넘어간 것이죠. 조·중·동이 동원하는 시대에는 논리를 가지고 동원했어요. 유튜브가 동원하는 시대는 논리를 가지고 동원하지 않아요. 감각, 정동, 즉시성에 의하여 동원하고, 이게 완전히 미디어의 성격 자체가 바뀐 거지요. 정말 디스토피아의 시대로 접어든 겁니다.

그래서 진리에 대한 해체주의 전략은 디지털 시대에 맞지 않아요.

디지털 시대에는 오히려 진리에 대한 최소한의 계몽적 접근 같은 게 필요하다고 봐요. 진리나 사실 관계를 확정하고 그것을 공동체가 확인해 가는 과정에 민주적 질서를 활용하는 과정이 필요하다고 생각합니다.

윤비: 저는 한국 비판 이론을 보면서 문제는 '장'이라는 어떤 공간의 이론을 못 하는 거예요. 어떤 이론이 나왔을 때, 그 이론이 뿌리박고 있는 사회적 환경을 이해하지 못하면 그 이론을 잘못 받아들일 수밖에 없거든요. 그동안 서구가 했던 이야기들, 최근에 우리가 긍정적으로 받아들였던 '문화적 다원주의'부터 공존론까지 그 장의 논리를 정확히 이해하지 못한 채 그냥 우리보다 앞선 사회의 어떤 가치와 이론을 자꾸 받아들이려고 하니까 체화가 안 되어 왔던 거라고 생각해요.

이번 기회를 통해서 한국의 비판 담론 스스로도 자기를 되돌아볼 기회로 삼고, 이 정도의 위기를 겪고 일어선다면 한국 사회가 이제는 선도적인 새로운 정치 사회 이론을 만들어낼 수 있는 중요한 '장'이 될 수 있다고 생각합니다. 아무도 안 해본 경험을 우리가 하고 있거든요.

이강재: 인식과 해석의 문제, 팩트로서의 사실 문제는 전혀 다른 거잖아요. 이게 혼용되면서 아주 많은 논란이 벌어졌던 것이고요. 우리 사회에서 어려운 문제 중 하나가 이 갈등을 어느 정도까지 허용하고 함께 갈 수 있느냐의 문제도 있습니다. 사회통합을 하는 기본 전제는 어디까지인가도 논의해 볼 주제입니다. 헌법 자체를 무시하거나 서울 서부지법에 난장판을 친 사람까지 용서할 수는 없잖아요. 그런 마지노선, 기본 전제가 필요하다고 봅니다.

윤비: 명백히 우리 사회가 지향하는 가치가 있고, 그 가치 아래에서

사람들은 희생도 하고, 자기의 존재를 정당화도 하죠. 예를 들면, 자식도 없는 내가 도대체 왜 교육세를 내야 되느냐고 말을 하면 할 말이 없는 거예요. 그런데 우리가 공동으로 갖고 있는 이해와 가치라는 걸 전제하기 때문에 자식도 없는 내가 옆집 사람의 자식을 위해 세금을 내주고 있는 거잖아요.

물론 우리는 1980년 광주라는 걸 겪고도 이렇다 할 만한 이론 하나를 못 만든 후과를 갖고 있지만, 제가 생각하기에 이번 한국의 계엄 사태는 앞으로 한국의 사회과학과 인문학이 오랫동안 고민해야 할 문제를 던졌다고 생각해요.

이강재: 방금 말씀하신 광주 5.18에 대해 아직도 북한의 소행이라고 떠들고 있는 사람이 있잖아요. 이걸 그대로 내버려 두고 그냥 이것도 하나의 의견이라고 얘기할 수는 없는 거거든요. 이런 부분에 대해서까지도 확실하게 사회적으로 정리가 안 돼 있다는 거죠. 사회통합을 하고 화해하는 기본 전제에 대해 사회적으로 합의해 나가는 과정이 필요하다는 생각이 듭니다.

윤비: 타협과 대화의 정치를 한다는 독일을 보세요. 그 경계를 확실히 정해놓습니다. 공동체가 디디고 있는 기반은 다분히 결정 결의론적인 거예요. '우리는 나치의 범죄를 옹호하려는 사람들은 우리 공동체 구성원으로 보지 않는다.' 이건 토론이 필요 없다는 겁니다.

그런데 우리 사회의 지난 10여 년을 보면, 광주 문제나 민주주의 문제의 전통을 얘기하는 사람들이 오히려 굉장히 구시대 담론을 말하는 사람처럼 보인 경우도 많았습니다. 상대적으로 그 문제에 대해서 국가주의를 떠나 다른 관점에서 보는 것이 뭔가 쿨하고 세련된 것으로 보는 일도 있었죠. 저는 이번 기회에 이런 문제도 논의에 부쳐야 한다고 봅니다.

안재원: 말과 사람, 주장과 진영, 사안과 감정은 구분해야 합니다. 이는 매우 중요합니다. 대개 진영론의 편목 현상 혹은 일목주의에 빠지면 모든 것이 정서화·감정화의 블랙홀로 빠져버립니다. 사실 지금 겪고 있는 정치적 양극화도 이념적인 대립이라기보다는 정서의 극단화에서 치열하다고 보입니다. 정서 과잉의 시대입니다. 죄는 미워하되 사람은 용서하라고 하지요. 사태와 행위, 사람과 진영은 구분될 필요가 있습니다.

극단적인 극우들의 발언과 주장은 용납해서는 안 됩니다. 하지만 사람 자체를 혐오하거나 배제할 수는 없습니다. 그들도 한국 사람입니다. 같은 동료 시민입니다. 물론 그들이 벌인 행위와 주장까지 용서의 범위에 들어가는 것은 단연코 아닙니다. 감정 과잉의 시대를 넘어서기 위해서는 사태와 사람의 구분은 매우 중요한 인식 기제입니다.

한국 정치에 바란다

> 대통령 무너져도 '누구는 안돼', 비전의 빈곤 여전하다.
> 거울의 효과, 보수 허약함이 진보 허약함으로 이어져
> 전 세계가 축소…다양성 인정, 연합하고 같이 풀어가야

윤비: 이번에 거의 민낯을 드러냈다고 봐요. 서울서부지법에 난입했거나 그런 행동을 옹호하는 사람들의 논리, 자신의 정치적 비전으로 지지를 얻으려 하기는커녕 하는 이야기가 '그래도 야당 대표 누구누구는

안 된다'는 식의 끊임없는 이야기들.

제가 정말 걱정하는 것은 보수가 이렇게 극우 쪽에 딸려가서 제대로 된 지지를 얻는 보수가 없게 돼버리면, 그 맞은 쪽에서 만들어진 진보는 반드시 부패한다는 점이에요. 최근에 가장 소스라치게 놀란 건, '우리는 원래 보수당인데, 진보도 할 수 있고 보수도 할 수 있다'는 야당 대표의 말이었어요. 한국 사회가 이미 너무나 많이 분화되고 다양한 이해들이 생겼기 때문에 민주당은 자기가 당적인 일관성을 유지하는 한 어떤 부분은 커버할 수 없다는 걸 인정해야 해요. 다른 당이 얘기하는 것을 경청해야 합니다.

금민: 성장 담론을 얘기하자면, 성장 담론은 유럽 정치를 보면 보수의 전용 담론이 아니거든요. 어떤 성장인가를 가지고 좌우가 논쟁하는 거지. 그런데 한국에서는 성장을 얘기하면 보수, 우파라고 하고, 그게 아니면 분배 얘기만을 해야 하는 거예요. 분배도 어떤 분배냐가 중요하고, 성장도 어떤 성장이냐가 중요한데 말이죠.

한국의 정치 지형을 보면, 국민의힘은 정상적인 정당이 아니잖아요. 보수 정당의 극우화가 이렇게 급속하게 진행된 나라가 없어요. 독일도 대안당이 컸지만, 기민당이나 기독교사회연합은 확실히 선을 긋고 있어요. 프랑스도 마찬가지죠. 한국 보수 정당의 극우화가 윤석열 정부 안에서 어떻게 이렇게 2~3년 만에 진행이 됐는가, 아주 특수한 사례라고 봐요.

윤비: 저는 이렇게 생각해요. 유럽의 보수들은 나치 때문에 옛 보수들이 초토화가 됐어요. 독일은 그 이후에 68세대가 들어오면서 더 한 번 밀어붙였고요. 유럽의 보수는 처음부터 극우와 절연된 상태에서 발전한

보수들이에요. 그런데 우리 보수는 극우 안에서 나온 보수에요. 극우 안에서 극우의 주변에서 성장한 보수가 되다 보니까, 뿌리가 여기 있다 보니까 불리해지면 도로 딸려 들어가는 게 있다고요.

금민: 시기 구분을 해볼 필요가 있는데요. 12월 3일 이전에 이미 극우 포퓰리즘의 진화가 일어났다고 생각해요, 국민의힘에. 윤석열 정부 자체가 극우 포퓰리즘이에요. 그리고 12월 3일은 이게 포스트 파시즘으로 진화가 시도된 사건이라고 봐요. 이건 극우 포퓰리즘이라고도 말할 수가 없는 거예요.

유럽식의 극우 포퓰리즘은 어쨌건 법치주의 테두리 안에서 해요. 그런데 12월 3일 비상계엄은 반헌법, 반법률이잖아요. 완전히 법치주의 테두리를 깬 것이기 때문에 포스트 파시즘으로의 진화죠. 유럽에서도 볼 수가 없는 거고 트럼프도 있는 제도 틀을 이용하고 있잖아요. 12월 3일과 유사한 예도 튀르키예에서나 찾을 수 있죠.

아까 말씀하신 민낯을 드러냈다는 지적은 중요한 문제인 것 같습니다. 극우 포퓰리즘이라도 호소력을 가지려면 사회 이슈가 있어야 해요. 그런데 내란 옹호하는 요즘 국민의힘을 보면 아무런 사회 이슈가 없잖아요. 극우 포퓰리즘이라기보다 윤석열 복귀를 바랐던 포스트 파시즘이죠. 그저 반헌법 세력인 거죠.

안재원: 한국 보수는 도대체 아이덴티티가 있냐는 지적인데요. 진영론에 갇혀서 문명이 요구하는 성장방식의 다변화와 다양화를 받아들이지 않고 있습니다. 보수의 위기는 아마도 변화에 대한 두려움과 미래에 대한 무지에 있는 것 같습니다. 일단 책을 안 읽고 생각을 안 합니다.

PPT로 간략하고 쌈박한 구호로 정리하면 된다고 생각하고 안심하지요. 여기에 보수의 위기가 숨어있습니다.

한국 자본의 규모와 한국 문화적인 역량이 축적한 규모가 반영된 규모의 정치와 규모의 교육에 대한 고민과 반성이 필요합니다. 특히 한국 사회의 리더 층이라면.

한국 보수의 이념이나 아젠다는 '성장론'을 빼고는 없었는데, 그 성장론도 성격이 바뀌는 과정에서, 민주당이나 진보 쪽에서 이야기하는 것에 반대하는 입장으로 기생적인 형태로 계속 이어왔죠. 왜 윤석열이 나고 논쟁하다 보면 가치나 내용이 없어요. 그냥 저쪽이 싫다는 거예요. 미션이나 비전도 없고, 이데올로기도 없다 보니까 상대적으로만 형성돼가는 것이죠.

윤비: 지금, 양당 체제에서 중요한 과제는 한국 사회에 다양한 담론이 성장할 수 있는 틀을 짜야 한다는 겁니다. 한국 사회는 사회적·경제적으로 굉장히 분화돼 있어요. 예를 들어, '남녀평등 싫어'라고 말하는 사람도 있어요. 그것도 하나의 입장일 수 있어요. 남녀평등은 난 여기까지만 인정해, PC(정치적 올바름)는 인정 못 한다고 말할 수도 있죠. 그런데 이 모든 이야기가 지금 묻혀 있다는 거예요.

이강재: 양당 체제의 한계에 대해 짚어 주셨는데요. 정말 보수와 진보가 대립하고 있는가를 지적해 주셨죠. 저는 한편으로, 우리는 아직도 남북 분단과 6.25로부터 벗어나지 못하고 있다는 생각이 들어요. 이게 제일 큰 이유라고 생각하거든요. 그러니까 진보를 정확히 자리매김하려고 하면 북한을 떠올리게 되는 많은 일들이 벌어져요. 그것도 아닌 척해

야 하고, 온갖 미사여구를 통해서 만들어내야 하는 거예요. 그러다 보니까 실질적으로 지금 분단과 전쟁 경험이라는 것이 올바른 진보가 설 자리를 찾지 못하게 만드는 중요한 요인이 됐다는 생각이 들어요.

모든 담론과 우리 사회의 미래를 얘기할 때, 평화와 안정을 지향하는 담론이 나와야 되는데 그렇지 않으니까 아까 말씀하신 것처럼 군을 동원하더라도 자기들에게 유리하게 하면 용인하는 어떤 잘못된 생각을 하게 되는 거예요. 이런 부분들이 이중적으로 작용하고 있다는 거죠. 국회 기자회견장에 '서북청년단'을 데려오는 것까지 보니까 너무 끔찍한 거예요.

윤비: 지금 보수를 비판하지만, 거울의 효과처럼 보수의 허약함이 상대적으로 민주적이고 진보적인 쪽의 허약함으로도 같이 이어져 있다는 사실입니다. 이런 양측의 대립과 각 측의 비전의 허약함이 계속된다면 우리는 불과 2~3년 지나서 비슷한 정치적 불안정을 경험할 수도 있다는 겁니다. 사람들이 마음 둘 곳을 찾지 못하면 무책임한 이미지정치나 인기영합주의적 선동에 취약해질 수 있습니다. 단기간에 윤석열이 급속히 지도자로 부상한 것도 이런 맥락에서 이해할 수 있습니다.

한국 사회에서 민주당이 정권을 잡고 번번이 벌어졌던 문제 중 하나도 다양성에 인색한 거죠. 실제로 민주당이 다른 군소 정당의 다양성에 대해서 별로 관심을 보여준 적이 없어요.

12.3 계엄 사태의 교훈

국민주권 원리, 입법·행정·사법 모두 관철돼야
시스템도 사람 의지가 없으면 작동하지 않는다
사법체계 불신 회복이 민주공동체 유지 관건

금민: 한국 사회의 위기는 단순히 12월 3일 비상계엄 때문만은 아닙니다. 유럽도 중국도 위기인데, 트럼프 쇼크라는 게 뭐냐면 우리가 익숙하게 알고 있던 세계 경제 질서가 깨진 것이고 앞으로 이 문제에 있어서 보수는 답이 없는 거죠. 공포와 초조감을 가지고 있는 거예요. 그러다 보니까 12월 3일도 자기들 개인사도 관련이 되겠지만, 포스트 파시즘으로 전환이 일어나는데 국민의힘이 딸려가는 이유는 이 사람들이 아무런 경제적인 대안이 없기 때문이라는 겁니다.

전 세계가 비상한 사태에 몰려 있고 현재까지의 성장 모델을 다 수정하고 사회통합 모델도 다 바꿔야 하는 굉장히 비상한 시기인데 보수는 아무 답이 없고, 그냥 관성적으로 포스트 파시즘으로 가고 있고 반면에 민주당 세력은 시험대에 오른 거죠.

그런데 근대 정치를 보면 정치목표는 딱 두 가지잖아요. 하나는 공동선. 이건 고대로부터 물려받은 모두에게 좋은 나라, 모두에게 좋은 정치, 모두에게 좋은 경제. 자유롭고 평등한 시민연합, 그런데 한국에서 이 공동선의 정치는 딱 하나로 압축되었어요. 박정희 이후로 모든 게 성장이 공동선이었어요. 그런데 성장이 안 되는 시대가 오잖아요 지금. 그러니까 보수 정치가 일종의 공포와 불안 속에서 그냥 청소년 범죄식으로 질주하기 시작한 거라고 봐요. 파시스트적으로.

　이 공동선의 정치가 붕괴되다 보니까 나타난 것이 1987년 헌법 체제, 20세기 역사에서 실질로 보면 한국이 처음 수립한 민주공화국이라고 생각해요. 그 안에서 '권리의 정치'가 발전해 왔죠. 비판적 담론이 굉장히 다양화됐잖아요. 장애인, 성소수자 등등 그걸 뭐 PC(정치적 올바름) 정치 싫어요라고 몰아치는 사람도 있지만, 어쨌건 권리의 정치가 발전해 왔죠. 공동선의 정치가 너무 협소화돼서 성장 일변도로 가다가 성장마저 안 되는 어떤 시점에 다다르고, 결국 권리의 정치도 억압받고 있는 상황으로 가고 있는 게 아닌가 하는 생각이 들어요.

안재원: 2024년(2025년)의 광장이 2017년과 달랐던 것은 그동안 논의하지 않았던 '어떤 것이 공동체인가'를 보여준 것이라고 봐요. 헌법이 얘기하는 '지켜야 할 것은 지켜야 된다'는 주장, 민주공화국을 지키는 법이 규정한 것은 지켜야 한다는 것을 확인시켜 준 것이 2017년의 광장과 근본적인 차이라고 생각해요.

이강재: 진보와 보수, 포퓰리즘, 사회통합의 전제에 대해 얘기했는데, 사실 법의 테두리라고 하는 것은 보수의 가치로 봤잖아요. 이번에 너무나 많은 측면에서 법체계가 다 무너져 버렸거든요. 지금처럼 법률가에 대한 불신이 이렇게 팽배한 적은 없었던 것 같습니다. 특히 검찰에 대한 불신은 상당했지만 그래도 사법부 판결을 해나가는 재판에 대해서는 상당히 동의해온 부분이 많았거든요. 제가 볼 때는 사법 체계 자체에 대한 불신을 향후 어떻게 회복할 것인가가 우리 공동체를 유지하는 중요한 관건이 될 것 같아요.

금민: 12월 3일 '친위 쿠데타'만 국민주권에 대한 도전이라고 생각을 많이 하는데, 그뿐만 아니라 사실 그 전후에 국민주권 원리에 대한 도전, 제도적인 도전, 법 기술적인 도전이 있었다고 생각해요. 헌법 1조 2항이 '모든 권력은 국민으로부터 나온다'잖아요. 이때 모든 권력은 입법부만 얘기하는 게 아니에요. 입법, 행정, 사법을 다 얘기하는 거예요. 입법부는 국민을 대표하는 거고요. 헌법 7조를 보면 공무원은 국민의 봉사자라고 돼 있어요. 대표자와 봉사자는 다르잖아요. 봉사자답게 사법권과 행정권이 발휘돼야 하고, 그 테두리를 법이 정하는 거죠. 입법 주권이 주권의 핵심인데, 재의 요구권의 남발은 입법 주권을 무시한 거거든요.

그다음에 권한대행이 하는 걸 보세요. 두 분 다 사실은 봉사자 역할을 하는 게 아니잖아요. 헌법적 의무를 이행하지 않거나 대통령과 동일한 권한을 행사합니다. 선출되지 않은 사람들이. 국민주권 원리에 대한 침해가 윤석열 정부 시작부터 지금까지도 일관되게 진행되고 있어요.

만약, 개헌해야 한다면, 입법, 행정, 사법에 대해 국민주권의 원리를 관철할 수 있는 개헌이 필요해요. 이를 통치구조 문제로 좁히는 것은 좁은 시각입니다. 우리는 국민주권의 원리를 국회에 대해서만 생각하고, 주권은 선거권과 피선거권이라고만 생각하죠. 그런데 주권은 입법, 행정, 사법의 구성과 작동에서도 관철이 돼야 해요. 법치주의적인 통제와 아래로부터의 감시를 조밀하게 발전시켜 가야 한다고 생각합니다. 이번에 하는 거 보세요. 전부 헌법을 위반하면서 법의 구멍을 찾아가서 사각지대를 누비면서 법꾸라지 짓을 했잖아요.

개헌, 무엇이 문제인가

제왕적 대통령제? 제왕적 마인드와 못 걸러내는 게 문제
개헌, 국민주권 확장이 먼저다…쉽게 바꿀 일 아니다
기본권 강화·근로의무 삭제·생태환경권 등 개혁 중요

윤비: 이번에 한국 사람들이 겪게 된 또 하나의 경험은 이 시스템이라는 게 그걸 작동하는 사람의 의지가 없으면 작동하지 않는다는 사실을 알게 됐어요. 두 가지를 말할 수 있죠. 하나는 시스템을 잘 돌아가게 해야 한다. 더 나은 시스템을 어떻게 만들 것인가를 논의할 수 있겠죠. 그리고 사람들이 자의적으로 시스템을 조작하지 못하도록 만들어야 합니다.

또 한 가지 생각해 볼 것은, 한국 사회가 짧은 시기에 헌법을 많이 바꾼 사회에요. 권력구조를 바꾼 것이죠. 독일의 권력구조도, 프랑스의 권력구조도 어느 나라의 권력구조를 봐도 제도와 정치적 안정성을 보장한다는 법은 사실 없어요. 전혀 없는데도 또 한번 권력구조를 바꾸자고 한다는 거죠. 권력구조를 바꿔야 할 문제인지, 아니면 지금 시스템을 더 보강해야 하는 문제인지 정말 신중히 봐야 한다고 생각해요.

왜냐하면 권력 구조를 바꿔버리잖아요? 그러면 준 화폐개혁 같은 사태가 일어난다고 봐요. 권력 구조를 바꾼다는 건 한 사회에 엘리트 구조를 바꾸는 것과 같아요. 굉장히 심각하게 생각해 봐야 할 문제인데 우리는 쉽게 바꾸자 그래요.

얼마 전에 제왕적 대통령제를 얘기하는 분이 있어서 얘기를 듣다가

제가 그런 얘기를 했어요. 무슨 제왕적 대통령이 대통령 탄핵(심판)을 세 번이나 당하냐, 정상적으로는 대통령제가 정말 제왕적이면 탄핵(심판)을 세 번씩 당할 수가 없어요. 당 안에서 제왕적인 당권을 휘두르는 건 있을 수가 있겠죠. 그런데 제왕적 대통령제의 문제는 자기가 제왕이라고 생각하는 사람이 대통령을 한 게 문제고 이걸 못 걸러내는 게 문제인 거죠.

금민: 개헌 논쟁이 우스운 게 맨날 개헌 논쟁이라고 하면서 국민주권의 확장이나 정치 개혁 논쟁을 통치 구조 개혁으로 축소하는 겁니다. 87년 헌법에 문제가 있다면 기본권 문제라든지, 예를 들어 근로 의무. 전 세계에 근로 의무가 헌법에 있는 나라는 없어요. 이런 게 헌법에 버젓이 있는데 우리가 손을 못 보고 있거든요. 당연히 기본권 강화도 필요하죠. 경제 헌법도 옛날 헌법이라서 고쳐야 하고요. 생태환경 조항도 없잖아요. 독일도 92년에 헌법 개정하면서 생태환경 조항을 넣은 거거든요. 이런 걸 고쳐야지 다른 건 아무 얘기 안 하고 원포인트 개헌이 어쩌고저쩌고 통치구조만 바꾸자고 하죠. 정치권의 룰을 바꾸는 것만이 개헌이 아닙니다.

안재원: 이번 탄핵 사태에서 가장 중요한 부분 중의 하나는 국민주권이 어떻게 손상됐는가입니다. 헌법재판관 임명도 바로 해야 한다고 헌재가 밝혔지만, 권한대행은 지키지 않았죠. 이런 원칙을 깨는 것이 사실 민주주의의 적이라고 봐요. 민주공화국의 전통을 확립해 나가는 것이 중요합니다.

이강재: 국민주권주의를 어떻게 지켜나갈 것이냐, 그리고 국민주권주의라고 하는 것이 결국은 민주공화국의 핵심이기 때문에 그 전통을

어떻게 확립할 것이냐가 굉장히 중요하다고 봅니다.

윤비: 독일에 이런 문제가 있었어요. 나치가 독일에 들어올 때 바이마르 공화국 헌법에 충분히 나치를 저지할 수 있는 법이 있었는데 왜 하나도 작동하지 않았느냐. 이걸 보면서 1958년 독일 헌법재판소의 콘라드 헤세라는 유명한 사람이 '헌법의 의지'라는 제목으로 취임 연설을 했어요. 우리가 참고할만한 주장인데, 헤세는 제도로 해결될 문제가 아니라는 거예요. 이렇게 써 있어요.

"헌법은 현재의 상황을 타개하는 실질적인 힘이 될 수 있습니다. 그러나 헌법 그 자체로는 할 수 있는 것이 아무것도 없습니다. 헌법은 단지 우리가 해야 하는 과업에 대한 이야기일 뿐입니다. 그러나 우리가 이런 과업을 걸머지고 헌법이 규정하는 질서에 따라 각자 행동할 준비가 되어 있다면 그래서 순간적 이익 때문에 제기되는 회의론이나 비판론에 맞서 이러한 질서를 관철할 결의가 서 있다면 다시 말해 사람들의 일반적 의식 속에서 헌정질서를 책임지는 사람들의 의식 속에 단지 권력의 의지만이 아니라 헌법의 의지가 숨 쉬고 있다면 그때만 헌법은 실질적인 힘이 됩니다." 결국 이번에 한국 사회가 민주주의에서 배울 중요한 교훈도 이거라는 거죠.

전 세계적 위기와 대응

트럼프 쇼크는 익숙하게 알던 세계경제질서 깨진 것
전 세계가 비상 사태…성장모델·사회통합모델 바꿔야
일자리 넘어 안정적 소득보장 위한 새 성장모델 필요

이강재: 경제적인 문제도 더 어려워지고 있는 상황입니다. 경제적인 활동으로부터 배제되는 현상들이 극우로 향하는 길이 돼버리는 것 같습니다. 게다가 세계적인 문제 또한 워낙 많아서 성장이 안 되면 권리의 정치가 억압받는 현실이기도 하고요. 한국 사회의 다음 과제는 또 무엇일까요.

윤비: 윤석열 정부는 지난 2년 반 동안 안티로 집권했고, 그런 식으로 계속 사람들을 끌고 갈 수 있을 거라고 생각을 한 거예요. 아무런 비전도 못 나오는 데다가 문제는 계속 발생하는 상황에서 극우로 갔고, 대통령이 계엄까지 했죠. 대통령이 무너진 다음에도 극우로 가고 있는 것은 실제로는 비전의 빈곤밖에 없다는 거죠.

금민: 어쨌건 민주당이 시험대에 올랐고, 직면한 상황이 한국 경제 전체의 비상한 상황이기 때문에 새로운 사회 대안이 나올 수밖에 없다고 생각합니다. 세계사적으로 보더라도 사실은 일자리 성장 동력이 깨진 거는 확실하거든요. 일자리 성장 동력이 자동화 때문에도 깨졌고 생태적 한계 때문에도 깨진 건데, 일자리가 아니면 소득이잖아요. 프랑스 혁명의 인권 선언이 나오는 건 사실은 안정적 소득이거든요.

이걸 어떻게 균형 있게 하느냐가 중요하죠. 어떤 과도기적인 실용주의적인 해법들이 필요하겠죠. 일자리와 기본소득 사이에. 기본소득도 조세형이 있고요. 조세형은 출발 단계에서 사실은 낮은 기본소득일 수밖에 없어요. 세금을 걷어서 n분의 1로 나눠주는 건데 당장 많이 줄 수가 있나요? 계산상으로는 수혜층일 저소득 근로소득자들도 세금 내기 싫어하는 건데.

그래서 앞으로 한 20년 후에는 상식이 될 거라고 생각하는데요. 국부 펀드를 늘리고 R&D 기술 혁신에 투자해서 그 특허를 가지고 성장의 수익을 기본소득으로 나눠주는 방안도 있습니다. 실제 하는 나라들이 있어요. 알래스카도 그렇게 하고, 텍사스는 기본 소득으로 나눠주지는 않지만 이런저런 사회 복지로 쓰고, 싱가포르는 2012·2013·2014년에는 성장배당(Groth Dividends)이라는 걸 줬어요. 기본소득 설계를 그냥 조세를 기반으로 하는 재분배형만이 아니라 성장 수익 분배형으로 설계할 수도 있는 거죠.

이강재: 지금 전 세계가 축소로 가는 방향에서 어느 정당이 다음 정권을 잡아도 굉장히 어려울 수밖에 없어요. 이걸 극복하기 위해서 연합하고 같이 풀어가려고 하는 게 필요합니다. 탄핵을 통해서 됐으니까 오래 갈 수 있다고 일방적으로 가려고 하면 안 됩니다. 그러면 극복하기가 더 어려워지는 거죠.

금민: 다음 정부는 문재인 정부와 비교할 때 의욕이 있는 정부가 탄생하는 건 분명합니다. 그러나 공론장의 형성과 숙의에 노력을 기울이지 않으면 그 의욕이 좌절될 수도 있다는 것을 잊지 않았으면 합니다.

안재원: 이번 탄핵 사태로 드러난 것 중에 하나는 한국 사회의 문제는 일반 시민들보다 엘리트층이 더 문제라는 것이었어요. 한국 사회에서 리더라고 하는 사람들이 가지고 있었던 오만함, 자기들만의 카르텔이 드러난 것이죠. 소위 한국 사회에서 좋은 대학 나오고 이끌어간다고 하는 그 생각을 버려야하는 전환의 시대라고 봐요.

이강재: 그 점에서 서울대의 교육이 크게 반성해야 될 지점이 있지

요. 전통적인 의미의 전인교육보다 출세지향적인 교육, 지식 위주의 교육이 되었기 때문에 그런 현상이 생긴 것이라 봐야할 것 같아요. 또 이 점은 교육과 입시 등 많은 문제가 결부되어 있기 때문에 추후에 별도로 논의가 될 필요가 있다고 생각합니다.

좌담 요약: "'통치 구조' 개헌만이 능사가 아니다"

김봉억 교수신문 편집국장

"대통령제보다 '사람'이 문제였다…비전의 빈곤 딛고 다양성 사회로"
'모든 권력은 국민으로부터 나온다'
국민주권 원리는 입법·행정·사법 모두 관철돼야 한다.
"국민주권주의를 어떻게 지켜나갈 것인가. 민주공화국의 핵심인 국민주권주의의 전통을 어떻게 확립할 것인지가 중요한 과제다."

지난 3월부터 연재한 '대한민국의 미래를 논하자' 기획을 마무리하며 12·3 탄핵 사태의 교훈과 미래 과제를 논의하는 좌담을 지난 1일 서울대 인문학연구원에서 열었다. 이강재 교수신문 논설위원(서울대 중어중문학과)의 사회로, 금민 정치경제연구소 대안 소장, 안재원 서울대 인문학연구원 교수, 윤비 성균관대 정치외교학과 교수가 참석했다.

금민 소장은 "12월 3일 '친위 쿠데타' 뿐만 아니라 그 전후로도 국민주권 원리에 대한 도전, 제도적인 도전, 법 기술적인 도전이 있었다"며 "헌법 1조 2항의 '모든 권력은 국민으로부터 나온다'는 원칙이 입법·행정·사법 모두에 적용돼야 함에도 이를 무시하는 일이 계속됐다"고 비판했다.

참석자들은 개헌 논의에 대해 우려를 나타냈다. 현행 대통령제의 '통치 구조'만 바꿔서 해결할 문제가 아니라는 인식이다. 윤비 교수는 제도적 변화보다 이를 운영하는 사람들의 민주적 책임감과 의지가 더 중요하다고 강조하면서, "권력구조 변경보다 현 시스템을 보강하는 것이 더 중요할 수 있다"고 신중한 접근을 촉구했다. 금민 소장은 "개헌 논쟁이 통치 구조 개혁으로만 축소되는 것이 문제"라며 "국민주권주의를 확장하는 것이 먼저"라고 말했다.

양당 체제의 한계에 대해서는 참석자 모두 비판적 시각을 드러냈다. 윤비 교수는 "한국 사회는 사회적·경제적으로 굉장히 분화돼 있는데, 현재 정치 담론의 양극화가 심해 다양한 목소리가 묻히고 있다"고 지적했다. 그는 "어떤 이야기를 하든 당장 '너는 친정부냐 반정부냐, 좌파냐 우파냐'는 잣대로 사람들을 갈라버리는 상황"이라며 "다양한 담론이 성장할 수 있는 틀을 짜는 것이 중요하다"고 강조했다.

안재원 교수는 "한국 보수는 아이덴티티의 위기를 겪고 있으며, 진영론에 갇혀 문명이 요구하는 성장방식의 다변화와 다양화를 받아들이지 못하고 있다"고 비판했다. 그는 "특히 보수의 위기는 변화에 대한 두려움과 미래에 대한 무지에 있다"고 지적했다. 금민 소장은 "보수 정당의 극우화가 이렇게 급속하게 진행된 나라가 없다"며, "유럽에서는 극우 정당이 성장해도 기존 보수 정당들은 확실히 선을 긋고 있다"고 설명했다.

한국사회의 과제도 제시됐다. 이강재 교수는 "전 세계적 경제 위기 속에서 어떤 정당이 집권하든 어려움에 직면할 것"이라며 "이를 극복하기 위해서는 사회적 연합과 공동의 노력이 필요하다"고 강조했다. 윤비 교수는 "어느 정당이든 독단적 정치를 피하고, 다양한 정치적 의견을 수용해야 한다"고 주장했다.

안 교수 역시 "경제적 어려움 속에서도 사회통합을 위한 정책적 노력이 필수"라고 말했다. 금 소장은 "자동화와 생태적 한계로 일자리 성장 동력이 약화된 상황에서 새로운 사회 대안이 필요하다"며 기본소득을 포함한 실용주의적 해법을 제안했다.

(교수신문 2025.4.15.)

제2부

⋮

우리가 꿈꾸는
교육과 사회

제6장
우리가 만들 미래의 교육과 대학

이강재(서울대학교 중어중문학과 교수)

> 국가 차원의 학술정책이 없다
> …우리에게 학문의 목표·비전이 있는가
> 2046년에 주목한다
> 한글 반포 600주년, 광복 100년이 지난 때이다.
> 한글 기반의 학문과 교육이 완전히 자리 잡고
> 세계적인 선도국가를 완성하는 목표를 설정하자.

교육이 사회에 일방적으로 끌려가고 있다

교육은 사회를 변화시키고 사회는 교육을 변화시킨다. 교육과 사회는 불가분의 관계에 있다는 말이다. 현재는 교육이 사회를 이끌기보다 사회에 끌려가고 있다. 미래의 교육에 대해 고민스러운 지점이다. 백년대계라고 하지만, 복잡한 요인이 매우 많다. 무엇이 이상적인 교육인지 언급하기조차 쉽지 않다.

'7세 고시'라는 말까지 등장하였다. 어린 나이에 사교육에 매달리는 우리의 아이들을 입시의 지옥으로 몰아가고 있다. 사교육비만 문제가 되는 것이 아니라 미래 지향적이고 창의적인 사유를 막고 있다는 점이 더 걱정이다.

　동서고금을 막론하고 자녀의 교육에 대한 부모의 열망은 항상 있었다. 교육을 통해 좀 더 높은 지위에 올라가거나 부모보다 더 나은 삶을 살기 바라는 마음이다. 부모의 불안감을 이용한 사교육 업체와 이기적인 인간을 양성하려는 부모의 마음이 만나서, 아이들은 완전히 지쳐서 소진된 상태로 대학에 입학한다.

　좋은 대학, 좋은 전공을 바라는 부모의 욕구는 강하지만 막상 대학 진학 후 어떤 교육을 받는지 크게 관심이 없다. 완전히 소진된 상태로 대학에 입학한 학생들은 학교와 교수의 적극적인 구애에도 아랑곳하지 않고 공부로부터 더 멀어져간다.

　이미 좋은 대학에 다닌다고 행복한 미래가 보장되는 시대가 아니다. 오랫동안 대학에서 교수로 살아오면서 대학 진학 후 정상적인 생활을 하지 못한 채 끝내 폐인이 된 여러 경우를 보았다. 자신의 자유 의지가 아닌 외부적인 억압에 의해 공부 지옥에 빠진 결과가 그러한 것이다.

　특히 신자유주의의 무한경쟁 속에서 승자만이 살아남는 정글 같은 세상이다. 이러한 전제로 타인을 이기는 것만이 목표라면 우리의 교육은 희망이 없다. 교육을 위해서도 사회의 변혁이 필요한 이유이다.

　그렇다고 교육을 이대로 둘 것인가? 물론 어떤 교육에도 여전히 굳세게 지내면서 즐겁게 이겨내는 아름다운 청춘도 적지는 않다. 하지만 좀 더 다수가 행복한 교육을 목표로 삼는다면 상황은 달라진다.

지식 암기와 문제 풀기의 시대는 이미 지났다

이상을 포기하지 않으면서도 현실을 인정한 방향이 나와야 한다. 지식의 암기와 문제 풀기로 나오는 성적만을 강조한다면, 어떤 대입제도를 도입해도 당장은 학교 교육이 사교육을 이기기 어려워 보인다. 거의 모든 지식은 이미 인터넷 공간에 정말 많이 널려 있다.

디지털 대전환을 거쳐 인공지능의 기술혁명 시대에 이르면서 어디서나 쉽게 얻을 수 있는 지식을 중시하는 교육이어서는 안 된다. '생각의 힘'을 길러주어 스스로 자신의 의지를 발견하고 미래를 개척하도록 해주어야 한다. 타인을 이해하고 함께 살아가는 법을 가르쳐야 한다. 토론을 중시하고 감성을 중시할 수 있는 교육 방안을 찾아야 한다.

최근 서울시 교육청에서 교사를 대상으로 '인공지능 시대 역지사지 공존형 토론' 직무연수를 했다는 소식이 있었다. 나와 정반대의 생각을 가진 사람을 이해하기 위해 서로의 생각을 바꾸어 주장하는 토론이다. 타인을 이해하는 방법을 가르치는 중요한 시도이다. 다만 이미 주어진 교과 교육에 바쁜 교사로서 겪어야 하는 어려움도 있을 것이다.

이에 나는 교직과정 비이수자를 '개방형 전문 교사'로 쓸 것을 제안한다. 인문사회 분야에서 다양하고 폭넓은 연구를 한 박사학위자에게 일정한 조건에서 중등교육 현장에 들어갈 수 있는 방안을 만들자는 것이다. 기존 교사의 어려움을 도와주고 중등교육에 투입되는 수준 높은 전문 교사를 통해 공교육의 수준을 높여보자는 생각이다.

경쟁 중심의 교육에서 놓치기 쉬운 것이 함께 살아가는 세상과 친구에 대해 느껴야 하는 감성 교육이다. 온갖 SNS에 노출된 아이들이 사람과 함께 살아가는 감성을 느낄 수 있도록 해야 한다. 이것이 디지털 교과서에 대해 갖는 걱정의 근원이다.

학교라는 공간은 지식의 습득보다 더 중요한 사회생활의 시작이며 타인을 대하는 법을 배워가야 하는 인격 형성의 장소이다. 맞춤형이라는 말에 감추어진 차별이 어느 순간 고개를 내밀 때, 우리는 분열되고 소외된 모습 속에서 모두가 외로워진다. 이 외로움이 때로는 파괴적으로 나타나서 사회가 혼란스러워진다.

대학은 단순히 취업의 디딤돌이 아니다

대학은 전국 어디나 혼란스럽고 어렵다. 수도권의 대형 대학도 그렇고 지역거점대학도 마찬가지이다. 학령인구의 감소, 대학 재정의 어려움, 여기에서 생겨난 한계 대학의 증가, 대학 내 학과와 정원의 조정으로 순수기초학문 분야는 그 설 자리를 잃어버리고 있다. 기초학문과 응용학문은 대학과 학문을 구성하는 중요한 축이다. 새가 하나의 날개로만 비행할 수 없는 것처럼 멀리 길게 가려면 두 가지 모두 중요하다.

지금 많은 대학이 인문학 관련 학과를 없애고 있다. 당장 취업을 따지는 사회적 분위기 속에서 각 대학의 고민을 모르는 바가 아니다. 학문의 전당이라는 대학이 단순히 취업을 위한 디딤돌이라면 향후 대학이 존재할 이유가 없다.

현재의 혼란 속에서 우리는 미래 지향적인 대학 교육의 목표, 대학이 여전히 존재해야 하는 이유를 찾아가야 한다. 개별 대학이 그렇게 한다고 정부는 모든 것을 대학의 자율이라는 이름에 숨어서 그냥 있을 것인가? 정부가 함부로 나서기 어려운 점도 있다.

그렇지만 현재는 정부가 오히려 학부대학, 광역화 등을 강조하면서 기초학문의 고사를 부채질하고 있다. 현재 교육부에는 재정지원을 미끼로 대학을 좌지우지할 생각을 갖고는 있지만, 대학의 학문에 대한 국가의 정책, 마스터플랜을 찾기가 어렵다. 대학의 학문 정책이 부재한 사회에서 현실만을 따라서 눈에 보이는 성과 중심, 취업 중심만을 강조한다면 이는 대학의 존재 자체를 부정하는 일이다.

과학기술 분야에 대한 우선적 지원이 필요하다

국가와 인류 전체에 닥친 위기를 생각한다면 무엇보다 과학기술에 대한 중시가 절대적으로 필요하다. 앞으로 과학기술 분야에 관한 한 학부는 물론 대학원에 진학하는 과학기술 분야 연구자들을 정부가 모두 책임진다는 자세가 필요하다.

수준을 알 수 없는 많은 대학원 때문에 국가 정책의 어려움이 있음을 이해한다. 그러나 그런 현상이 왜 생겼는지에 대한 정책당국의 책임을 배제하면 안 된다. 그럼에도 대학과 정부의 재정 부분을 과학기술에 집중하여 투자할 때 성과는 분명히 나타날 것이다.

2025년부터 이공계 대학원생에서 한국형 스타이펜드를 도입한 것이 출발점일 것이다. 제도의 준비와 시행 과정에서 여러 논란이 있었지만, 점차 정착할 것이다. 올해 600억 원의 예산으로 시작했는데, 대학원생

전원에게 혜택이 돌아가도록 확대해야 한다.

　기업 또한 과학기술 분야의 연구개발에 대한 투자를 늦추어서는 안 된다. 적은 급여에 많은 시간 동안 연구개발에 몰두하게 하는 '열정페이'는 이미 시대적으로도 맞지 않고 창의적인 결과를 만들어내지 못한다.

　최근 미국과의 과학기술 패권 경쟁을 벌이는 중국이 어떻게 과학기술인을 중시하는지 눈여겨 볼 필요가 있다. 중요한 첨단 분야 기업에서 3년 정도 지나면 대략 2억 원 이상의 연봉과 주거 혜택을 제공하는 것은 이미 잘 알려진 일이다.

　정부에서도 '원사'라는 제도를 두어 과학기술인을 적극적으로 우대하고 있다. 원사는 국가급 과학자로 차관급에 준하는 명예로운 지위를 부여하며, 경제적 지원과 사회적 혜택이 상당하다. 이들은 때로 과학기술을 혁신하고 때로 중요한 국가전략 관련 자문을 수행한다.

　2024년 통계에 의하면, 수학·물리학·생물학 등 순수과학 분야의 중국과학원 원사 860여 명과 공학 및 기술 응용 분야의 중국공정원 원사 1천350여 명이 있다. 과학기술 분야에서 훌륭한 성과를 남긴 과학자가 평생 명예와 부를 동시에 누리게 해준 결과가 최근 드러나는 중국의 탁월한 과학기술 역량이다.

　정확하게 알려지지 않은 이유로 예산이 삭감되면서 하던 연구를 멈추어야 했던 우리의 경우와 전혀 다르다. 여기에 더해 이미 진부한 이야기인 의대로의 쏠림 현상은 모두를 어렵게 만든다. 의과대학이 중요하지 않다거나 의대로 진학하는 학생이 국가의 미래를 걱정하지 않는다는 것이 아니다.

인간의 욕망은 좀 더 좋은 대우를 받으며 좀 더 편안한 생활을 추구하게 되어있다. 직업인 의사를 뭐라고 할 것이 아니라 우수한 인재가 과학기술을 택할 수 있는 사회적 환경의 조성이 먼저라는 말이다. 이를 위해 과학기술인의 처우를 획기적으로 개선하여 해외로 나가지 않고 국내에서 연구자로서 살아가기를 원하도록 만들어야 한다.

지금처럼 뛰어난 인재들의 의대 쏠림 현상이 지속된다면 그곳을 선택하는 학생도 미래가 불투명해지고 국가의 발전은 더더욱 어려운 처지가 될 수 있다.

과학기술에 대한 전폭적인 지원의 필요성과 함께 놓쳐서는 안 될 것이 있다. 과학기술의 발달, 인공지능의 발달이 궁극적으로 인간의 행복을 위한 것이라면, 개발자들이 평소 인간에 대해 학습하고 사고하도록 훈련되어야 한다.

이는 과학기술인도 단순한 기능인이 되어서는 안 된다는 말이다. 이제 과학기술 학습에도 시간이 부족하다는 불만은 그만 내려놓고, 대학 시절 적극적으로 인문학적 사고에 접할 수 있는 제도적 장치가 필요하다.

대학 재원의 상당 부분을 과학기술에 집중해야 하지만, 반대로 과학기술 전공 학생이 인문학적 통찰을 배울 기회를 더 많이 제공해야 한다는 것이다. 과학기술 분야 교수들이 먼저 이렇게 생각한다면 대학 내에서 여타 분야 교수들의 지지를 통해 과학기술이 더욱 큰 힘을 발휘할 수 있게 된다.

인간과 사회에 대한 통찰이 과학과 기술의 방향을 잡아준다

지금의 대학생들이 앞으로 살아가게 될 세상은 어떤 세상일까? 급변하는 현실을 생각하면 예측하기 쉽지 않다. 다만, 지금보다 인공지능이 더 발달할 것이며, 휴머노이드 로봇이 더 많이 활동할 것이다.

따라서 인간을 이해하는 인공지능의 시대를 열어야 한다. 교육 현장에서도 디지털과 인공지능을 전제로 한 새로운 교육을 구상해야 한다. 중등교육과 고등교육 모두 향후 생겨날 변화에 능동적인 대처가 가능한 구조가 되어야 한다.

국가 경쟁력을 높이기 위해 뛰어난 천재를 길러낼 수 있는 교육도 필요하지만, 동시에 보편 시민을 기르는 교육이 이루어져야 한다. 이때 당장의 급한 교육의 역할은 혐오와 극단을 이겨내는 교육, 모두가 함께 살아가는 세계 시민 교육이 필요하다. 성숙한 사회를 기반으로 한 성장, 평화를 전제로 한 성장을 지향하는 교육이 되어야 한다.

과학기술에 대한 절대적인 중시는 과학기술이 인간과 사회를 바꿀 것이기 때문이다. 그러나 동시에 잊어서는 안 될 것이 인간과 사회에 대한 통찰이 과학과 기술의 올바른 방향을 만들어간다는 점이다.

여기에 대학에서 인문학 교육과 연구가 중요하며 인문학자 양성을 멈추어서는 안 되는 이유가 있다. 인문학 학문후속세대의 지원이 필요하다고 말하는 이유이기도 하다.

국가 차원의 학술 정책이 없다는 것이 아쉽다. 여기서 두 가지를 언급하고 싶다. 우선은 우리에게 진정 학문의 목표, 비전이 있는가 하는 점이다. 항상 단기적인 처방에 급급한 정책만이 나오고 있다. 그만큼 이

분야의 전문적인 행정부 인력이 없고 대학 내에도 거의 없다는 것이다.

나는 2046년에 주목한다. 한글 반포 600주년이 되는 해이며, 1945년 광복으로부터 100년이 막 지난 때이다. 우수한 한글 기반의 학문과 교육이 완전히 자리 잡고 세계적인 선도국가를 완성하는 목표를 설정하자는 것이다.

둘째는 학술 전반을 위해 가칭 '인문사회학술연구원'을 설립하자는 것이다. 특히 이 조직을 총리실에 속한 경제인문사회연구회 산하에 두거나 교육부 산하에 두기보다 국회 직속 기관을 제안한다.

이는 미국 국립인문학재단(NEH, National Endowment for the Humanities)이 하원 소속인 것을 가져온 것이다. 순환지인 행정부 공무원이 전문적이지 않은 한계를 극복하고 장기적으로 국가의 인문사회 학술정책을 추진하기 위함이다. 이곳에 현재 한국연구재단이 담당하는 학술연구 지원 기능과 새롭게 학술정책 연구 기능을 갖도록 하고, 아울러 학문후속세대에 대한 지원을 전적으로 맡도록 하는 것이다.

또한 여기에 대학이 갈수록 축소되면서 교수 충원을 안 하는 현실에서 학문을 담당할 연구자를 장기적으로 지원하여 마치 프랑스 국립과학연구원(CNRS, Centre National de la Recherche Scientifique)이나 중국의 사회과학원과 같은 기능까지 맡도록 하는 것이다.

대학은 근본적인 지식을 창출해야 한다

지식생산 총량의 차원에서 볼 때 미래에 대학의 역할은 갈수록 줄어들 것이다. 또한 대학에서 만들어내는 지식의 반감기가 갈수록 짧아질 것이다. 대학에서 만들어내는 지식이나 기업이 원하는 지식의 수명이 더욱 짧아진다면, 활용 주기가 짧은 지식이 아닌 적어도 10년, 20년 지속되는 중장기적이고 근본적인 지식을 창출해야 한다.

    이는 기업이 절대 하지 않을 것이며, 대학만이 담당할 수 있다. 그것이 바로 공동체로서 살아갈 기초 소양이나 비판적 성찰, 리더십의 양성 등을 말하는 것이다.

제7장
대학재정지원 사업 어떻게 할 것인가?
- 융합인재를 넘어 '전인적 인간'을 키워내는 융합교육

도승연(광운대학교 인재니움대학 교수)

> 한국형 사회문제인 지역 상생이
> 보다 건강하고 지속가능한 것이 되기 위해서는
> 사회 통합을 위한 인문학적 소양, 예술적 감수성과
> 문화다양성을 존중하는 교육이 필요하다.

문명사적 전환의 시대, 근본적 대응은 고등교육정책에 있다

현대 사회는 가속화되는 과학기술의 영향력이 어떤 시대보다 광범위하고 촘촘하게 인간을 둘러싼 세계의 지형을 변화시키는 문명사적 대전환의 시대를 맞이하고 있다. 대내적으로는 인구 감소에 따른 학령인구의 급감은 물론 고령화 사회로의 돌입, 청년층의 이탈에 따른 지역 공동화와 수도권 과밀화 현상은 '지역 소멸'이라는 위기 담론으로 이어지고 있다. 그뿐인가. 문화 다양성에 대한 존중이 아닌 소수자에 대한 혐오의 분위기는 갈수록 팽배해지고 있으며 기후 위기에 대한 우리의 정책적 대응도 글로벌 수준에는 여전히 미치지 못한 실정이다. 대외적

으로 인간과 기계가 혼융되는 초연결사회, 가히 '인공지능의 돌격'으로 비유될 수 있는 급격한 변화 속에서 지금, 이 순간에도 국제 사회의 경제 정치적 지형은 거세게 요동치고 있다. 현재의 우리는 세계적 보편 난제가 산적한, 문명사적 전환의 한복판에 서 있다.

우리에게 주어진 현실이 이처럼 과거와 질적으로 다른 전대미문의 것이라면, 거대한 위험들이 야기하는 변화의 파고를 넘어 미래 사회의 건설은 그 시대의 주체가 되어야 할 인재 육성 정책에 달려있다고 해도 과언이 아닐 것이다. '압축적 경제성장과 산업화 재도약, 민주화 시대'라는 우리의 역사가 증명하듯, 한국의 대학은 교육과 연구를 통해 국가 발전을 견인해왔고 이러한 대학의 역할을 상기했을 때, 한 국가의 미래는 장기적으로 고등교육의 발전과 그 길을 함께 한다.

이처럼 문명사적 전환에 걸맞는 고등교육 정책의 명확한 방향과 내용을 제시하는 일은 어떠한 국가적 과제보다 근본적이고 시급한 문제이다. 그렇다면 우리의 대학은 현재적 위기에 대응하며 미래를 준비하기 위해 무엇을 하고 있는가. 고등교육의 주체로서, 세계적 수준의 연구의 중추로서 본연의 역할을 적절히 수행하고 있는가, 혹은 바람직한 방향으로 변화하고 있는가? 선뜻 대답하기 어렵다.

물론 최근 10년 동안 대학 지원을 위한 국가정책 및 재정사업들은 전문가 집단의 분석과 진단 아래 대학이 처한 대내외적 위기담론을 크게 세 가지 차원에서 포착하였고 이에 대한 소기의 성과를 거둔 것도 사실이다.

위기 담론의 주제는 아래와 같이 정리될 수 있다. 첫째, 지식정보사회에 걸맞는 창의, 융합인재 육성을 담당해야 할 대학의 교육 역량 부족, 둘째, 학령인구 감소에 따른 지역 소멸 및 지역대학의 위기, 셋째, 급변하는 사회적 수요 변화에 대응하는 실용인재 육성을 위한 학사제도 및 교육과정의 부재이다. 그리고 이들 위기 담론에 대응하기 위한 정책은 다음과 같다. 첫째, 창의, 융합인재를 육성하는 대학의 교육역량 제고를 위한 학사 구조의 전면적 개편이다.(2주기 대학혁신지원사업, 글로컬 대학) 둘째, 지역 소멸의 위기를 대학 및 지역의 여건을 고려한 산학친화형 교육(RIS, LINC+, 글로컬 대학, RISE)을 통해 개선하거나, 생애주기 차원의 평생교육(Life 사업)과 연동한다. 그리고 마지막으로 디지털 첨단인재 육성을 위한 융합인재 양성이다.(첨단인재 양성사업, 소프트웨어 중심대학사업)

또한 대학들은 이러한 정책적 대응이 제시한 각 사업 주제에 부합하도록 대학의 연구 인력과 학내 자원을 최대한 동원하여 사업 계획을 수립하고, 선정 이후에는 이보다 더한 힘으로, 사업 운영과 성과 도출을 위해 부단히 노력해 왔다. 이러한 국가적 차원의 정책적 대응과 대학 보직자 중심의 봉사와 노력 덕분에 앞선 위기 담론에 대한 사업별 소기의 성과를 도출한 것도 사실이다.

하지만 국가 차원의 정책적 대응 방향과 대학의 사업 수행의 의지가 있다고 해서 전략과 지원이 반드시 긍정적 효과만을 발휘하는 것도 아니고, 특정 문제의 해결을 위한 '조직, 예산, 제도와 인력 체제'가 정비되었다고 해서 해당 성과가 자동적으로 도출되는 것도 아니다. 모든 사업이 그러하듯 법적, 제도적 차원의 개선 이후 해당 사업의 실질적 효과가 체감되기 위해서는 적정 기한 유지가 필수적이며 그것이 교육의 영역일 경우에는 다른 영역보다 더 오랜 기간의 지원과 이를 견디기 위한 인내 자본이 요구된다.

 그런 점에서 이 글은 위기 담론별 대학지원 사업의 운영에 있어서 향후 보완해야 할 지점을 현재적 관점에서 비판적으로 검토하기 위한 글이다. 또한 이는 대학이 사활을 걸고서 사업의 성과 도출을 위해서 시작한 학내 크고 작은 변화들이 향후 미래 인재의 육성과 연구 활동의 마중물이 되기를 바라는 마음으로, 더 나아가 지역대학이 지역 상생의 중심에 서기를 바라는 간절한 마음으로 지금도 대학 현장에서 교육과 연구에 매진하는 우리 모두를 위한 글이기도 하다.

대학 재정 지원의 두 형태: 일반재정지원사업과 특수목적지원사업

 대학에 대한 재정지원의 형태는 크게 대부분의 대학들이 사업 수혜자가 되는 '일반재정사업'과 첨단산업형 인재 육성이나 지산학 협력에 기반하여 지역 상생을 목적으로 하는 '특수목적사업'으로 구분할 수 있다. 전자를 대표하는 사업으로는 대학혁신지원사업(2주기)이 있으며, 후자의 경우 2025년 이후 다양한 특수목적 사업들이 RISE로 통합되었다는 점에서 RISE를 대표 사업으로 거론할 수 있다.

 또한 이들 각각은 대학을 둘러싼 위기 담론의 주제별 접근과도 상통하는데, 대학혁신지원사업의 경우 첫 번째 정책적 대응인 '창의, 융합인재를 육성하는 대학의 교육역량 제고를 위한 학사 구조의 전면적 개편'

에 방점이 있는 사업 모델이다. 또한 특수목적 사업을 대표하는 RISE의 경우, 두 번째 주제였던 '지역소멸의 위기를 대학 및 지역의 여건을 고려한 산학친화형 교육, 평생교육(Life 사업)'은 물론 첨단과학기술분야 인재 양성에 대한 세 번째 주제와도 연동된다. 그런 점에서 이들 두 사업은 대학을 둘러싼 위기담론의 정책적 대응에 대한 구체적 사례이면서 동시에 대학지원의 일반재정지원사업과 특수목적재정지원사업을 각각 대표하는 사업이라는 점에서 사업 취지의 중요성은 물론 그에 대한 기대치 또한 막중하다. 뿐만 아니라 사업비(약 3조에 육박)는 물론 참여대학의 수를 통해 짐작할 수 있듯이 사업의 규모에 있어서도, 두 사업이 한국 고등교육 정책에서 가지는 파급력은 과거의 어떤 사업들보다 거대하다.

'전공자율선택제'에 기반한 교육의 혁신성 강조

2019년 출범한 대학혁신지원사업 1주기 사업은 기존에 진행되었던 ACE+(자율역량강화), CK(특성화), CORE(인문), WE-UP(여성공학), PRIME(산업연계) 사업을 일반재정지원사업으로 통합·개편된 사업으로서 급변하는 사회 환경 변화에 능동적으로 대응하여 대학의 자율혁신을 통한 미래 인재 양성체제 구축을 사업의 목표로서 제시하였다. 이러한 1주기 사업(2019-2021년)은 기존의 사업들을 통합했다는 점에서 '교육과 연구 및 산학협력'을 아우른 대학의 총체적 차원의 역량 제고를 구체적 사업의 성과로 삼았다. 후속으로 진행된 2주기 사업은 '대학의 교육 혁신'을 사업 목표로 제시하여 사회수요 변화에 대응하는 학사 운영 및 학생들의 전공 선택 및 진로지원의 내실화를 강조하는 방식으로 차별화된다. 이때 '교육의 혁신성'은 전공자율선택제에 기반한 교육의 혁신성으로 압축할 수 있으며, 전공자율선택제의 1유형(전공을 정하지 않고 입학한 학생들이 모든 전공선택 가능)과 2유형(단대별로 전공을 정하지 않고 입학한 학생들이 해당 단대 내에서 전공선택 가능)을 통해 학생들의 전공선택권을 과감하게 강화함으로써 '다전공, 복수전공, 연계전공'에 기반한 창의, 융합형 인재를 육성하는 것을 사업 성과의 주 골자로 제시하였다.

대학혁신지원사업 기본 구조

<'19~'21년>		<'22~'24년 대학혁신지원사업>	
Ⅰ유형 (자율개선대학(131교))	⇨ Ⅰ·Ⅱ 유형 통합	일반재정지원 (일반재정지원대학(147교))	• 자율성과 책무성·공공성 제고 • 질적 혁신 및 적정규모화 지원
Ⅱ유형 (역량강화대학 일부(12교))		<'22년 7,350억원>	
		⇧⇩ (자유혁신계획을 통한 연계)	
		부처 협업형 인재양성 (일반재정지원대학 일부)	• 부처 협업형 신산업 분야 혁신인재양성
		<'22년 420억원>	

(출처: 2022~2024 대학혁신지원사업 기본계획, 교육부, 2022.02)

전공자율선택제에 기반한 학사구조 전환에 대한 기대는 기존의 학과중심의 틀을 넘어 교육 시스템의 체계적 개선의 가속화와 더불어 학생들의 전공선택권의 강화에 기반한 창의, 융합형 인재 육성에 대한 것이라 할 수 있다. 이러한 전환의 배경에는 디지털 대전환의 과학기술의 도전에 대한 고등교육의 정책적 대응의 논리가 강하게 전제되어 있다. 소위 인공지능을 위시한 최첨단 과학기술의 급속한 발전 양상이 사회 모든 영역의 경계를 중첩, 무화시키고 있으며 이 과정에서 우리의 현실은 '복잡화, 중층화, 예측불가능한' 것으로 변화하고 있다. 따라서 전통적 방식의 전공학과 기반의 인재 육성으로는 더 이상 이러한 현실의 변화를 예측할 수 없으며, 하나의 전공으로서 그 문제를 포착, 분석, 진단, 해결하기 어려운 상황임을 인정할 수밖에 없다. 또한 현대 사회에서의 지식의 양상은 더 이상 과거의 유산을 전수하고 전달하는 것에 그치는 것이 아니라 그러한 지식을 '어떻게 새롭게 창출하고, 새롭게 적용할 것인가'의 문제가 되었다. 즉, 특정 기능, 실무 중심의 인재 육성이 산업화 시대에 대한 효과적 대응이었다면 지식정보사회에서의 인재 육성 정책은 더 이상 산업화 시대의 실무 인재에 머물러서는 안되며 디지털 사회에 걸맞는 창의형 인재, 즉 융합 인재 육성 모델로의 전환이 필수적이기 때문이다.

특정 전공 쏠림 현상과 기초학문 소외

하지만 융합인재 육성이라는 지식정보사회의 당위적 요청에도 불구하고, 대학 현장에서는 전공자율선택제 중심의 교육의 혁신에 대한 반대의 논리가 주를 이루었고 그 논리 또한 작금의 대학 현실을 고려했을 때 충분한 설득력을 가진다. 주장의 핵심에는 전공자율선택제의 도입으로 과연 기대하는 융합인재가 육성되겠는가에 대한 회의와 그 역효과에 대한 우려이다. 전공자율선택제로 입학한 학생들의 전공 진입시 기존 전공생의 기초학력 편차 등 교육 운영상의 어려움과 함께 전공선택의 시기가 1학년 말로 운영될 경우, 전공 진입 전에 수강하는 전공 탐색 성격의 교과목이 사실은 특정 전공으로의 진입을 위한 전략적 선택으로 소비될 것이라는 주장이 제기되었다. 하지만 안타깝게도 이러한 우려는 곧 언급하게 될 핵심 쟁점에 비한다면, 교육 운영상의 애로사항들일 뿐이다. 보다 중요한 문제는 취업에 유리한 실용(응용)학문에 대한 전공쏠림 현상과 기초학문과 인문학에 대한 소외 문제로부터 기인한다. 현재에도 이미 실용학문 편중으로 인해 암울한 학문공동체의 상황이 나타나고 있다. 그런데 종국에는 우리의 미래 인재가 세계와 인간에 대한 총체적 이해나 사회 통합의 가능성과 인간다움의 가치 등 모든 정신문화의 차원을 도외시한 채, 행위의 과정보다는 결과가, 공동체의 가치보다는 자기 이익만을 합리적 선택으로 간주하는 '호모 에코노미쿠스'가 될 것이다. 즉, 전인 교육 실패에 대한 우려와 비판이 '교육 혁신'을 둘러싼 쟁점의 중심에 있다.

지식정보사회의 도래에 따라 지식의 특징이 변화함으로써 이제 융합인재의 양성은 선택이 아닌 필수의 문제가 되었지만, 우리 사회는, 우리의 대학은, 그리고 우리의 학생들은 여전히 실용 학문의 편향으로부터 결코 자유롭지 않다. 과학기술 인력양성의 중요성에 대한 강조에는 이견이 있을 수 없다. 하지만 대학은 산업적 수요에 전적으로 이끌리지 않으면서 미래 사회의 방향을 제시하고, 성과로부터 누락된 격차와 간

격을 채우려는 본연의 역할을 수행함으로써, 더 나아가 보다 나은 인간과 사회를 만들기 위한 교육적 실천을 지속적으로 해 나가야만 하는 그러한 기관이다. 이를 위해 대학혁신지원사업의 재정지원은 등록금 동결로 인해 운신의 폭이 좁아진 대학 단독으로는 하기 어려운 일에 대한 동기부여로서, 천천히, 하지만 꾸준히 실천할 수 있는 과업의 동력으로 작용해야 하고, 대학 현장의 교육자들은 실용학문 중심의 사회적 공기를 지속적인 설득을 통해 변화시켜야 한다. 그 설득의 내용은 대학은 단순한 취업예비학교가 아니라는 과거의 이상적 논리만으로는 부족하며 현실에 기반한 학생 성공의 가치를 제시해야만 할 것이다.

실무형 인재교육의 효과는 언제까지 지속될 수 있을까

그렇다면 질문은 이제 이렇게 바뀌어야만 한다. "과연 특정 실무형 인재교육에 기반한 대학의 교육이 향후 사회에 대한 대응과 취창업 현장에서의 가지는 효과는 언제까지 지속될 수 있을까?" "과연 실무 중심형 교육이 미래를 살아갈 학생 성공을 보장해 줄 수 있을까"에 대해 엄중히 질문하고 이 질문에 대한 답을 구하는 간절한 심정으로 우리 사회와 대학과 학생들을 설득해야만 한다.

지식의 반감기가 갈수록 짧아지고 인간의 노동영역은 빠른 속도로 기계로 대체되고 있으며 예측 불가능성과 불확정 시대라 특징지어진 현대사회에서 과연 우리가 필요로 하는 융합인재란 어떤 능력을 갖춘 인재상을 염두에 두는 것일까.

융합에 대한 정의가 다를 수 있기에 그 외연을 모두 포괄할 수는 없지만 적어도 현재 강조되는 인재상이 특정 사회문제만을 해결하기 위한 실무형 인간을 의미하는 것이 아닐 것이다. 특정 전공과 전공의 경계를 넘어 그 영역의 확장을 꾀하는 측면도 있지만 적어도 기능적 인간으로 전락하지 않기 위해 갖추어야 할 소프트 스킬(soft skill)에 대한 강조에 그 핵심이 있다. 복잡한 것을 나름의 논리로 풀어서 분석할 수 있고, 이를 통해 세계의 변화를 통찰할 수 있고 도덕적 판단력과 공감의 능력을 고양하기 위한 인간적 역량의 총합으로서 특정 기술 작동과 제작 위주의 테크니컬 스킬(technical skill)과 대비로서 지칭되는 개념이다. 그리고 이때 소프트 스킬의 역량은 결코 취업, 직무 중심의 전공교육만으로는 이루어질 수 없는 자유학예교육의 강화를 통해 가능하다.

그런 점에서 대학이 전공자율선택제에서 가장 공을 들여야 하는 교육의 내용은 재학 초기의 전공 탐색과 기초 교육에 대한 측면이다. 구분 없는 모집단위로 선발된 학생들이 향후 융합인재로 성장하기 위한 관건은 자유학예교육의 충실성에 달려있다고 해도 과언이 아니다. 단순히 MSC로 요약되는 기초교육에 국한되는 것이 아니라 통합적 차원에서의 기초문해교육(Literacy 교육)과 자기성찰과 비판적 사고력을 함양하기 위한 인문학 교육, 사회와 자연을 이해하기 위한 기초과학을 포함하는 외연을 가진 자유학예교육이어야 한다. 통합적 차원의 자유학예교육이 충실히 제공될 때에만 다양한 학제적 경계를 넘나들며 융합하는 인재로 거듭날 수 있다.

챗GPT, 인공지능의 알고리즘은 이진체계의 연산, 특정 질문에 대해 매우 신속한 답변을 제공할 수는 있다. 하지만 '앎'이라는 근본적 차원에서 '이것, 혹은 그것에 대한 지적인 호기심이 도대체 어떻게 발동하는지, 자신이 그 물음에 왜 걸리는 지, 그 호기심의 의미를 스스로에게 질문하고 각성하고 판단하는 능력'을 가지고 있지 않으며, 이것은 후천적으로 향후 길러질 수도 없다. 융합 인재란 질문하고 반성하고 다시 이를 통합함으로써 자기 서사를 이끄는 능력을 가진 인재를 기르는 일이다. 인간이란 무릇 관심과 의지가 있어야 감각이 열리고, 감각이 열릴 때 개입되는 낯설고 다양한 지식의 군상과 그 결합들이 한 인간을 창의적이고 융합적 인재로 거듭나게 하는 것이다.

그런데 역설적인 현상은 전공자율선택제의 안착을 위해 필수적인 교육의 내용이 기초학문에 기반한 자유학예교육임에도 불구하고, 전공자율선택제의 현실적 운영에 있어서 기초학문과 인문학 소외현상이 심화될 수 있다는 사실이다. 하지만 이러한 부작용은 비단 우리만이 아닌 세계 유수의 대학들도 어려움을 겪고 있는 문제라는 점에서 이러한 역설적 효과를 최소화하기 위해서 해당 대학들의 활용 방안들을 적극적으로 고민해볼 필요가 있다. 제도적으로는 전공 선택에 있어 더블 매칭, 즉, 기초학문과 실용학문의 연계 및 부, 복수 전공을 필수적으로 도입하여 융합 인재 양성에 노력하는 방식이 있을 수 있으며, 폐강 기준의 완화와 같은 기초학문교육에 대한 소극적 지원을 탈피하여 학문생태계가 유지될 수 있도록 해당 학문에 대한 최소한의 교원 임용 및 해당 교과목 개설의 적극성, 기초학문 연구의 활성화 지원 등의 대학 본부의 적극적 차원의 대응이 반드시 필요하다. 그 외에도 전공자율선택제의 안착을 위해서 기숙에 한정되고 있는 RC(Residential College)의 교육적 기능을 보강하여 생활공동체 안에서 다양한 학습 경험을 부여하는 접근도 필요해 보인다. 또한 교원의 인력 배치에 있어서도 전공선택제 운영을 위한 과도한 겸직업무를 부여하여 교수의 연구 역량을 위축시키거나 사업 기간에만 한정하여 비전임교원을 채용, 운영함으로써 사업의 취지가 아닌 단기적 성과 도출에만 연연해서는 안 된다. 이에 덧붙여 교수들 또한 과거의 충실했던 학부 교육을 기반으로 지금, 현재 대학의 교육연구자로서 성장할 수 있었듯이 연구자로서의 자신 발전만큼이나 학부생 교육을 자기 정체성의 중심에 두는 균형적 태도 또한 필요하다.

'기대와 우려' 속에 본격화되는 RISE 사업

지역혁신중심 대학 지원체계(Regional Innovation System & Education, 이하 RISE) 사업은 최근 10년간 학령인구의 감소와 함께 청년층의 수도권 집중현상이 심화됨에 따라 지역 경제와 사회적 활동력이 급격히 위축되고, 지역과 지역 대학의 경쟁력이 심각한 수준에 봉착하게 되자 이를 타개하기 위해 계획된 특수목적재정지원의 대표사업이다.

본 사업 이전에도 지역대학의 구조적 어려움을 극복하기 위해 대학 행정의 분권화 및 구조조정들의 노력이 없었던 것은 아니다. RISE 이전에도 인구 구조의 변화에 적극적으로 대응하고 지역의 교육과 산업 역량을 총집결하기 위한 사업으로 지자체-대학 협력 기반 지역혁신사업(RIS: regional innovation strategy)이 중장기 차원에서 운영되어왔다. RIS 사업을 통해 대학은 교육과 연구의 거점으로서의 전통적인 역할에서 벗어나 지역인재 양성은 물론 지역의 산업 및 경제발전의 주체로서의 역할을 부여받게 되었다. 정부는 대학의 이러한 역할을 효과적으로 수행할 수 있도록 중앙정부 탑다운의 재정지원방식으로부터 탈피, 각 지역에 적합한 지원정책의 수립 및 실행이 이루어지도록 지역 중심으로 정책과정을 재편하고자 노력해왔다. 하지만 사업 운영 과정에서 지자체의 대학지원의 권한이 명확하지 못하다는 한계와 함께 지역대학의 발전을 위해서는 지자체와의 파트너십 구축을 통해 각 지역의 상황에 적합한 지원정책의 수립 및 실행이 이루어지도록 정책과정 전반에 대한 권한을 지역 거버넌스 구성원들에게 이양할 필요성이 제기되었다. RISE 사업은 이러한 행정지원 체계와 역할 분담에 대한 RIS의 한계를 극복하고자 설계되었다는 점에서 앞선 사업과 차별화되는 세 가지의 추진 전략을 가진다.

첫째, 지역분권에 기반한 지역 상생이라는 거대 목표를 달성하기 위해 기존 사업인 RIS뿐 아니라 LINC3.0(산학협력)은 물론 LiFE(대학평생교육), HiVE(전문직업교육), 지방대활성화 사업(지역사립대 육성사업) 등의 사업이 RISE로 2025년 통합, 운영된다. 둘째, 통합사업으로서의 RISE의 운영을 위해 정부는 대학재정지원 예산의 약 50%(2조 원 이상)를 17개 광역자치단체인 시·도로 배분하고, 시·도는 5년 단위 RISE 계획(2025~2029년)을 수립, 지역대학에 대한 재정지원을 진행한다. 셋째, 각 지역의 현황이 지역대학 지원사업에 효과적으로 반영될 수 있도록 시도의 발전 전략과의 연계 하에 지역-대학 간의 협력적 거버넌스를 토대로 이루어진다.

2025년 교육부 예산안 중 라이즈로 통합되는 사업 내역

구분	사업명	예산
라이즈로 이관하기로 한 기존사업(1조 2천억)	RIS(지역예산)	3천420억 원
	LINC(산학협력)	4천70억 원
	LiFE(평생교육)	510억 원
	HiVE(직업교육)	900억 원
	지방(전문)대 활성화 사업	3천125억 원
2025년 새롭게 추가된 8개 사업	첨단분야 혁신융합대학 사업	2천10억 원
	조기취업형 계약학과 선도대학 육성사업	258억 원
	대학의 창의적 자산 실용화 사업	210억 원
	전문대학 미래 기반 조성사업	142억 원
	대학 산학협력단지 조성 지원사업	140억 원
	전문대학 조기취업형 계약학과 선도대학 육성사업	96억 원
	대학 창업 교육 체제 구축사업	60억 원
	마이스터대 지원사업	47억 원

(출처: 교육부, 2025 예산안)

RISE 추진 전략의 특징에 대해 사업 목표 달성의 긍정적 기대와 함께 운영 과정상의 우려 사항들이 함께 제기될 수 있다. 기대의 차원은 기존의 산발적 형태의 사업들이 RISE라는 거대 통합 사업으로 운영된다는 점에서 사업간 예산 집행의 중복성을 피하게 되고, 이를 위한 사회적 비용의 최소화와 집행의 투명성이 높아질 수 있다는 점이다. 이를 기반으로 지역 상생이라는 거시목표 달성의 시너지 효과를 꾀할 수도 있다.

또한 기존의 중앙정부주도의 대학지원 체계의 탑다운 형식을 피하고 중앙정부, 대학, 지역자치단체가 각자의 역할을 재분배하여 중앙정

부는 국가 차원의 교육정책 수립, 재정지원, 대학 평가를 담당하고, 각 지역자치단체가 지역 특성과 발전전략과의 연계하에 대학지원 계획과 집행을 담당하는 중앙-지역의 실질적 역할 분담을 통해 본 사업이 지역 분권의 중요한 출발점이 될 수 있다. 무엇보다 지역의 현안에 대해 정통한 지역자치단체가 대학재정지원사업의 주체가 된다는 점에서 지역 내 대학의 인재 양성, 기술 개발 등을 지역 수요에 맞게 공급할 것이라는 기대를 가지게 한다. 하지만 긍정적 효과에 대한 기대 못지 않게 실제 운영, 특히 협력적 거버넌스의 구축과 집행주체의 역량의 문제는 관련 연구들(주효진외 3인, 『지방정부연구』 제28권 제1호(2024. 5), 이정미외 1인, 『교육재정경제연구』 제33권 제4호(2024.12), 차성현, 『교육행정학연구』 제42권, 제1호(2024.4))에서도 이미 지적된 바 있다.

해당 논의를 참고하면 무엇보다 기능적 연계는 이루어졌으나 여전히 물리적 결합의 수준에 머물고 있는 지자체와 대학의 협력적 거버넌스 운영이 문제가 된다. 시범운영중인 지역라이즈 센터의 구성인력이 사업의 규모에 비해 여전히 미흡하며 향후 구성에 있어서 고등교육 전문 인력에 대한 보강은 필수적이다. 지역현안에 대한 문제해결력과 고등교육에 대한 영역은 별도의 영역이며 이를 협력적 거버넌스에 기반하여 의사결정이 진행된다고 해도, 협력 주체간의 목표와 지향점이 다르다는 점에서 지자체 발전과 교육적 현안이 동일한 비중에서 다루어지지 않을 가능성이 높다. 따라서 이러한 운영상의 한계를 극복하기 위해서는 지역과 대학의 협력적 거버넌스가 고등교육적 차원에서 운영될 수 있도록 고등교육 관련 참여자에 대한 지역의 면밀한 검토가 필요하다. 또한 5년간의 사업계획이 추진되고 있지만 사업의 목표가 해당 기간에 달성될지 미지수이다. RISE 사업으로 통합된 과거 LINC 사업의 예를 들어보자. 산학연협력대학사업 평가자들의 이야기를 들어보면 링크 사업은 컨소시움 참여주체간의 역할 분담은 물론 첨단기술 인재 양성을 위한 교육과정과 기술 개발, 기술지주회사 설립 및 상용화 논의까지 사업계획에서 운영, 성과 도출까지의 난이도가 가장 높은 사업 중의 하나라고 모두들 입을 모은다. 하지만 그럼에도 불구하고 오랜 사업의 경험을 통해 비로소 대학 간의 협력은 물론 대학 내 산학 협력의 토대와 공기가 흐르게 되었고 이를 기반으로 상당한 실적과 성과를 도출하였다는 것은 링크 관계자 뿐 아니라 링크에 선정된 대학과 그렇지 않은 대학의 교육 역량의 차이를 통해서도 이미 증명된 바가 있다. 이것이 산학협력의 토대인 링크의 기여였다면, 이 또한 1단계에서 3단계까지 10년 이상의 사업 기간이 소요된 이후 비로소 도출된 결과였다.

하지만 통합한 RISE 사업의 경우 이보다 어려운 과제의 특징을 가진 사업이라는 점에서 기대하는 성과를 도출하려면 우리의 예상보다 더 오랜 기간이 필요한 사업임은 분명하다. 그런 점에서 향후 사업비에 대한 재정의 안정성 문제도 제기된다. 5년간의 사업비로 확보된 예산이 과연 사업 성과 도출을 위해 충분한 것인지, 지자체의 예산 확보의 노력과 지원 규모, 지역별 예산 배분 방식 등을 보다 심도있게 검토할 필요가 있다.

국가 미래가 걸린 고등교육비 증액 시급

융합인재 양성을 위해 양질의 융합교육이 전제돼야 하고,
창의적 연구는 늘 시대를 넘어서는 융합연구였다.
융합연구는 학문생태계가 붕괴된 사회에서는 결코 발아될 수 없다.

하지만 그렇다고 해서 대학 지원 및 교육부 예산이 감축되어야 한다는 의미는 결코 아니다. 오히려 절대적 차원에서 교육비에 대한 예산은 적극적 수준에서 증액이 필요하며 특히 국가 미래와 관련된 고등교육비의 증액은 더욱 시급하게 이루어져야 한다.

교육 단계별 학생 1인당 공교육비 지출액

(단위: $(PPP))

기준연도	구분	초등교육	중등교육	고등교육	초등~고등교육
2021년	한국	14,873	19,299	13,573	15,858
	OECD 평균	11,902	13,324	20,499	14,209

국내총생산(GDP)에 대한 구매력평가지수(PPP): (2021년) 827.27원 / $

(출처: 경제협력개발기구(OECD) 교육지표 2024 결과)

우리나라 공교육비는 여전히 OECD 국가중 하위권에 속하며 특히 초중등 교육에 비해 고등교육비가 현저히 낮다. 또한 청년(25-34세) 1인당 고등교육 진학률은 OECD 국가들 중 1위에 해당하지만 학생 1인당 교육비는 여전히 평균에 한참 못 미친다는 것은 더욱 역설적이다. 이때 1인당 교육비의 구성이 공교육비와 민간교육비의 총합이라는 점에서 후자의 비율이 전자를 상회, 즉 여전히 민간 교육비가 공교육비를 초과

한다는 것은 사업비의 총합은 일견 거대해 보이지만 우리의 공교육비 수준은 글로벌한 기준에서 많이 부족하다.

연령대별 고등교육 이수율

(단위: %)

기준연도	구분	만 25~64세	만 25~34세
2023년	한국	54.5	69.7
	OECD 평균	40.7	47.4

(출처: 경제협력개발기구(OECD) 교육지표 2024 결과)

융합교육과 연구, 그리고 학문생태계

대학지원사업 중 파급력이 가장 높은 대학혁신지원사업과 2025년 이후 통합 운영예정인 RISE 사업은 결국 문명사적 차원에서 대응해야 하는 세계보편난제(인구 감소, 지식의 변화 등)와 한국형 사회 문제(지역대학과 지역 활성화 문제)를 타개하기 위해 기획된 사업이다. 기존의 대학 재정지원 사업에 있어서 대학의 역할은 미래인재육성의 교육의 주체이면서 동시에 첨단기술과 연구의 허브라는 두 개의 중추적 기능을 담당하였다면, 상술한 두 개의 사업들은 여기에 '한국형 사회문제 해결'을 위한 지역 발전 주체의 막중한 역할을 추가하여 진행되고 있는 사업들이다. 즉, '교육과 연구'라는 대학의 기존의 기능과 임무는 시대사적 흐름에 따라 더욱 촘촘한 수준에서 강화되었고, 여기에 지역발전의 주체라는 막중한 역할이 추가된 셈이다.

하지만 이처럼 대학의 역할이 다층화되고 있는 상황에서 한 국가의 미래를 책임져야 할 고등교육의 공교육비는 여전히 선진국 대비 평균 이하 수준에 머물러 있다. 더구나 안 그래도 부족한 공교육비가 오직 첨단기술, 실용학문 위주로 편향된다면 우리의 학문생태계의 종국에는 복원이 불가능한 수준으로 무너지게 될 것이며, 한번 무너진 고도의 정신문화의 세계를 다시 일으켜 세우는 데는 곱절, 아니 그 이상의 노력과 시간이 든다 해도 그 복원을 장담하기 어렵다.

융합인재 양성을 위해서는 양질의 융합교육이 전제되어야 하고, 미래를 선도하는 창의적 연구는 늘 시대를 넘어서는 융합연구였다. 하지만 이러한 융합연구는 학문생태계가 붕괴된 사회에서는 결코 그 씨앗도 발아될 수 없다. 그러한 의미에서 한 국가의 미래와 그 구성원들을 위해 균형적인 학문생태계의 존재, 그것이 활성화되도록 양질의 조건을 모색하고 구축하는 일은 국가적 차원의 과업에 해당한다.

통합된 RISE 사업의 목표 역시 지역의 기술 특성화에 기반한 지역의 현안 해결과 이를 위한 지산학 협력이라는 점에서 인문학과 자유학예 교육에 관한 청사진은 찾아보기 힘들다. 한국형 사회문제인 지역 상생을 위해, 그리고 지역의 상생을 건강하고 지속가능하게 만들기 위한 '통합'형 모델이 되려면 사회 통합을 위한 인문학적 소양, 예술적 감수성을 고양하고 문화 다양성을 존중하는 그러한 교육이 필요하다. 하지만 실용적 성과 이면에 보이지 않는 이러한 생각과 표현, 실천의 힘은 어디에서 공부하고 교육받을 수 있을 것인가. 인문학의 힘은 시장에서 나오는 것이 아니며 인문학이 시대와 지역을 선도하는 국가 고등교육의 계획

안에서 진흥되어야 하는 이유이다. '융합'은 융합인재육성을 넘어 전인적 인간의 육성을, '통합'은 사업의 통합 그 이상인 사회 통합의 이상(理想)을 지향해야 한다.

제8장
기후위기, 어떻게 대응할 것인가

고태우(서울대학교 역사학부 교수)

함께 살아남기 위해 '자본주의 체제·성장에 의존하는 사회' 넘어서자.
정부가 기후 위기 대응을 위한 실질적인 로드맵을 만들고
산업계와 일반 시민사회를 설득해야 하지만,
그에 대한 고민은 찾아볼 수 없다.
정권이 바뀐다고 '인류세'의 위기가 얼마간 해소될 수 있을까?

생존을 위협할 '인류세'의 미래

우리 인간, 호모 사피엔스는 홀로세(Holocene)라는 안정되고 온화한 지구의 기후 조건에 놀라울 만큼 잘 적응한 생명체다. 빙하가 물러나고 온화한 기후가 시작된 홀로세 초기에 농경을 시작하여 지구의 경관을 바꾸기 시작한 인류는 지구의 생태환경 전반에 영향을 미칠 정도로 막강한 힘을 가진 생명체가 되었다. 인류는 화석연료를 끄집어내 온실가스를 대량으로 배출하면서 지구의 기후를 바꾸는 존재가 되었다. 세계 곳곳에 침투하여 숲을 베어내고 습지를 개간하고 지층을 파내면서 다른 생명체의 서식처를 잠식하고 그들을 멸종시키고 있다.

이처럼 인간이 지구 시스템 자체를 바꾸는 존재가 된 사실을 상징하

는 용어가 바로 '인류세(Anthropocene)'이다. 21세기 들어 여러 학자는 홀로세의 특징인 안정적이고 온화한 기후가 바뀌고 지구 행성에 인간의 흔적이 각인되고 있는 점에 착안하여, 현재의 시대를 새로운 지질시대, '인류세'로 명명하자고 주장했다. 인류세의 도래는 역설적으로 인류가 자신이 조성하고 있는 지구환경에 적합하지 않은 종(種)이 된 사실을 가리킨다. 급격한 기후변화로 인류와 다른 생명체의 거주 안정성이 크게 흔들리고 있기 때문이다.

인류세의 장래는 그리 밝지 않다. 인류가 현재 추세로 온실가스를 계속 배출하면 금세기 안에 지구 평균기온이 산업화 이전보다 3~4도 상승할 것이다. 그리되면 아마존 열대우림이 사라질 수 있고, 세계 각지에서 사막화가 진행되며, 물 부족 및 식량난으로 거주 불가능한 지대가 늘어나면서 인류의 생존 가능성이 심각하게 위협받게 될 것이다. 디스토피아 영화의 이야기가 아니라, 금세기에 충분히 일어날 시나리오다. 인류는 '인류세'의 서막을 열자마자 생존의 위협을 받고 있다.

이러한 위협을 국제사회는 일찍이 알고 있었지만 제대로 대처하지 못하고 있다. 2015년 파리에서의 제21차 기후변화협약 당사국총회에서 파리협정을 통해 세계는 산업화 이전 대비 평균온도 상승을 1.5도 정도로 억제하자는 목표에 합의했다. 각국은 국가 온실가스 감축목표(NDC)를 수립해 온실가스 감축 목표 및 이행 상황을 제출하자고 했지만, 협약 이행을 추동할 국제사회의 구속력이 약하다. 자본주의 부국과 개발도상국 사이의 첨예한 이해관계가 대립하는 가운데 세계의 탄소 배출량은 거의 매년 상승해 왔다.

한국, 재생에너지 비중 늘리는 시대 흐름에 역행

대한민국(이하 한국)은 GDP 규모만큼 온실가스 배출량도 세계 10위권 규모로 많이 배출하는 국가이다. 시민사회의 거듭된 요구와 기후변화협약 체제에 대응하기 위해 지난 2021년 한국의 국회와 정부는 「기후위기 대응을 위한 탄소중립·녹색성장 기본법」(탄소중립기본법)을 제정했다. 탄소중립기본법과 그 시행령에서는 2030년 온실가스 배출량을 2018년 대비 40% 감축한다는 목표가 제시되었다. 그러나 지난 21대부터 현재까지 국회는 탄소중립 달성을 위한 실질적인 입법을 이뤄내지 못하고 있다.

더구나 윤식열 정부는 핵발전소에 과도하게 의존하고 재생에너지 분야는 축소하는 정책을 폈다. 윤석열 정부는 문재인 정부의 탈원전 기조에서 벗어나 '원전 생태계'를 복원할 것을 선언했다. 2023년 1월 산업통상자원부는 제10차 전력수급기본계획을 확정하면서 2030년 발전 비중에서 핵발전은 32.4%, 재생에너지는 21.6%로 조정했다. 2021년 문재인 정부 때 2030년 국가온실가스감축목표를 발표한 비중에서 핵발전은 8% 이상 높이고, 재생에너지는 8% 이상 낮춘 것이다. 관련 예산에서도 원전(핵발전) 분야는 윤석열 정부 내내 늘렸지만, 재생에너지 분야 예산은 2023년 1조 원대에서 2024년 6천억 원대, 2025년 5천억 원대로 대폭 삭감되었다. 전 세계 다수 국가가 기후위기에 대응하여 탈핵·탈석탄을 추진하며 재생에너지 비중을 늘리는 흐름에 완전히 역행하고 있다.

다른 나라와 비교할 때, 재생에너지 발전 비율을 비롯하여 한국의 기후변화 대응은 한심한 수준이다. 2024년 한국의 재생에너지 발전 비중은 10.5%로 OECD 38개 회원국 중 최하위였다(평균 35.8%). 2024년 11월 저먼워치와 뉴클라이밋연구소, 기후행동네트워크는 전 세계 주요 온실가스 배출국을 대상으로 '기후변화 성과지수(CCPI)'를 산출했다. 한국은 모든 부문에서 최하위권으로, 온실가스 배출 부문 67개국 중 59위, 에너지 사용 부문 66개국 중 64위, 기후정책 부문 67개국 중 57위였다.

미래세대에 부담 더 키운 윤석열 정부의 기후·환경정책

기후변화 대응뿐 아니라 윤석열 정부의 환경정책은 많은 논란을 일으켰다. 몇 가지 사업만 예시로 거론해 보자. 첫째, 2023년 2월 설악산 오색케이블카 사업을 허가하고, 같은 해 11월 착공에 들어갔다. 이는 환경부가 환경영향평가에 조건부 동의하면서 가능해진 것인데, 정작 환경영향평가 기관인 한국환경연구원이 사업 불가 의견을 냈지만, 환경부가 무시했다. 멸종위기종 산양을 비롯한 야생동물의 삶이 위협받게 되었고, 수십 년간 생태계 보호에 매진한 환경단체의 의견도 묵살당했다.

둘째, 한국의 지방 공항이 적자에 허덕이는데도 가덕도 신공항과 제주 제2공항, 흑산도와 새만금 등 전국적으로 신공항 건설을 추진 중이다. 신공항 건설은 윤석열 정부만의 구상은 아니고 이전 정부에서도 추진했거나 지자체의 지역 활성화 논리에서 진행되고 있다. 한국의 거의 모든 지방 공항이 적자에 허덕이는 등 경제성이 떨어지는 점, 항공 운행이 온실가스 배출이 매우 큰 분야이기에 탄소중립에 역행한다는 점, 철새 서식지와 갯벌 등 생태보전지역을 해제하면서까지 추진되는 반생태적인 사업인 점, 공항 건설을 둘러싼 지역 갈등을 심화하고 있는 점 등 많은 문제를 일으키고 있다. 2024년 12월 무안공항 제주항공의 참사 원인 가운데 하나가 조류 충돌에 있고, 무안공항이 철새도래지 주변에 자리 잡고 있다는 점을 돌아봐야 한다.

셋째, 환경부가 추진하는 기후대응댐 건설 계획이다. 2024년 7월 환경부는 홍수와 가뭄, 국가전략산업의 용수 수요 등에 대비하는 기후대응댐 14개를 건설하겠다는 계획을 발표했고, 2025년 3월 12일 건설 후보지 9곳을 확정했다. 최상위 물관리 계획인 국가물관리기본계획의 범위 밖에서 추진이 된 점, 예측 불가능한 폭우가 잦아지는 상황에서 경직된 구조물로서 댐이 잘 대응하기 어렵다는 점, 홍수 대비 저수용이라 하더라도 댐 규모가 작은 점, 일부 댐의 경우 반도체 클러스터의 물 공급을 염두에 두고 계획되었으나 댐 건설 후보지와 긴밀한 협의 없이 일방적으로 추진된 점 등에서 많은 비판이 제기되었다. 여러 전문가는 댐으로 기후변화를 막겠다는 발상의 실효성에 의문을 제기하며 하천의 자연성 회복과는 반대의 길을 걷고 있다고 평가하고 있다. 이러한 차에 환경부는 4대강사업으로 매년 녹조가 반복되고 독성물질까지 검출되고 있는 문제는 손을 놓고 있다. 기후변화 대응과 거리가 있고 하천의 자연성 회복과는 반대의 길을 걷고 있는 환경부를 환경토목부라 부를 만하다.

넷째, 플라스틱 배출 및 일회용품 규제를 사실상 포기했다. 정부는 2022년부터 편의점과 음식점에서 사용하는 비닐봉지, 종이컵, 접시, 나무젓가락 등 일회용품을 규제할 계획이었다. 그러나 환경부는 2023년 11월 '소상공인 비용 부담과 소비자 불편'을 명분으로 일회용품 규제 정책 시행을 백지화했다. 2023년 9월 전국으로 확대할 예정이던 일회용컵 보증금제 의무화도 자율 규제로 전환하여 중단된 상태이다. 이 와중에 한국의 1인당 플라스틱 배출량은 세계 최고 수준에 다다르고 있다. 플라스틱 사용을 더 강도 높게 규제해도 모자랄 판에 환경부는 플라스틱을 제조하는 석유화학 산업의 이익 추구를 돕고 있다.

기후·생태 위기를 촉진하는 윤석열 정부의 기후·환경정책은 미래세대의 부담을 키웠다. 당장 기후 위기 완화와 적응을 위한 실질적인 로드맵을 만들고 산업계와 일반 시민사회를 설득해야 하는 상황이지만, 그에 대한 고민은 찾아볼 수 없었다. 정권이 바뀐 뒤에는 '인류세'의 위기가 얼마간 해소될 수 있을까? 제21대 대선 과정에서 각 정당의 후보들은 기후와 환경 분야, 아니 우리 미래에 대한 제대로 된 토론을 진행하지 않았다. 국민의힘과 개혁신당에서는 귀기울일 만한 관련 정책이 없었다고 해도 과언이 아니다. 더불어민주당의 경우 주로 경제산업 전환을 위한 에너지 문제에 집중한 경향이 있었다. 민주노동당에서 국가 목표를 '생태복지국가'로 설정하고 기후경제부 신설, 국회 기후특위 설치 등을 제안한 점은 긍정적이었지만, 공약이 쟁점이 되지 못했다. 새 정부의 과감한 정책 전환이 필요한 상황이다.

상상력을 발휘하자: 생태문명으로의 대전환을 위한 실마리

기성세대가 굼뜬 행보를 보이자 미래세대가 나섰다. 지난 2020년 3월 청소년기후행동은 정부의 소극적인 기후위기 대응에 대하여 헌법소

원을 청구했다. 10대가 주도한 아시아 최초의 기후소송이었다. 그들은 한국 정부가 기후재난을 막으려는 의지가 부족하다고 비판했다. 2022년에는 태아 한 명을 포함하여 청구인 전체가 아기와 어린이로 구성된 '아기 기후소송'도 있었다. 이후에도 제기된 일련의 기후소송에 대하여 2024년 8월 헌법재판소는 탄소중립기본법과 그 시행령이 2030년 이후의 감축목표에 어떠한 기준도 제시하지 않은 점을 문제 삼았다. 그러면서 정부가 온실가스 감축 조치를 제대로 하지 않아 생명권과 환경권, 행복추구권을 침해했다고 판단하며, 헌법에 합치되지 않는다고 판결했다. 이제 정부는 2026년 2월까지 탄소중립기본법을 개정하여 실효성 있는 이행 노력을 보여야 한다.

아직 한국에서의 온실가스 배출량이 유의미하게 줄고 있지 않다. 탄소 배출 문제에서 나아가 한국 사회에 '인류세'에 다다르게 하고 위기를 배태한 근원을 캐묻고 해결하고자 하는 목소리는 매우 작다. 문제는 경제성장에 의존하는 체제를 넘어설 수 있는지, 대량생산-대량소비-대량폐기의 악순환을 작동시키는 자본주의 엔진을 멈출 수 있는지에 달려 있다. 인간이 다른 인간과 비인간 존재를 함부로 착취하지 않는 생태문명을 만들어야 할 것이다.

특정 집단과 일부의 노력과 개선만으로는 우리 사회에 쌓여 있는 모순을 개혁할 수 없다. 모순 해결의 필요성에 대한 다수의 동의와 협의, 실행할 수 있는 범위의 계획과 열정이 결합해야 비로소 개혁의 실마리가 보일 것이다. 여기서는 체제 개혁과 생태문명으로의 대전환을 위한 실마리를 찾는 작업으로써 우리의 인식을 바꾸고 상상력을 높이는 몇 가지 생각만 던져보고자 한다.

비인간 주체의 권리 보장하는 헌법 제정 필요

> 비인간 주체의 권리를 보장하는 생태민주주의 헌법을 제정하고,
> 일반 시민의 의사가 일상적으로 반영되는 참여 민주주의가 필요하다.
> 국가와 지자체는 기후위기에 대응하고 생태계 파괴를 최소화하는
> 계획경제를 전면적으로 도입해야 한다.

비인간 주체의 권리를 보장할 수 있는 생태민주주의의 내용이 담긴 헌법을 제정할 필요가 있다. 2008년 에콰도르는 새 헌법을 제정하여 '어머니 지구(Pachamama)' 자연을 권리 주체로 인정했고, 2010년 볼리비아는 자연에 권리를 주는 법률인 '어머니 지구의 권리에 관한 법률'을 통과시켰다. 여러 나라에서 자연 또는 특정 지역의 생태계, 특정 종을 단순 보호 대상이 아니라, 그 자체를 법적 호소력이 있는 법인격으로 인정하는 흐름이 이어지고 있다. 한국에서도 제주 연안의 남방큰돌고래를 '생태법인'으로 인정하여, 인간의 포획에 대해 긴급 구제를 신청하거나 인간의 서식지 훼손에 제동을 거는 등의 권리를 인정하려는 시도가 있다. 헌법과 법률에 비인간 주체의 권리를 명시하는 등 인간이 함부로 생태계를 파괴하거나 특정 생물종을 위협하는 행위에 제동을 걸 수 있다면, 인간과 비인간 주체가 공존할 수 있는 단초를 열 수 있을 것이다.

현재 대의민주주의의 한계를 극복하면서 생태문명으로 가는 다리를 놓을 새로운 제도를 만들어갈 필요가 있다. 전 세계 대의민주주의가 위

기를 겪는 가운데 한국도 예외가 아니다. 거대 두 정당 사이에 소통의 정치가 실종된 지 오래고, 선거 때마다 30%에 가까운 사표가 발생하는 등 일반 시민의 목소리가 제도권 정치에 대변되고 있지 못하다. 생태문명으로의 길을 닦기 위해서는 일반 시민의 의사가 일상적으로 반영되면서 성장주의로부터 탈피할 수 있는 참여 민주주의가 요구된다. 예컨대 기후·생태시민의회를 만들어 기후위기, 생태위기를 배태하는 현재 체제를 벗어나면서 탈성장 사회의 기초를 쌓아가는 규정력 있는 정책과 담론을 생산하는 방법이 있을 것이다.

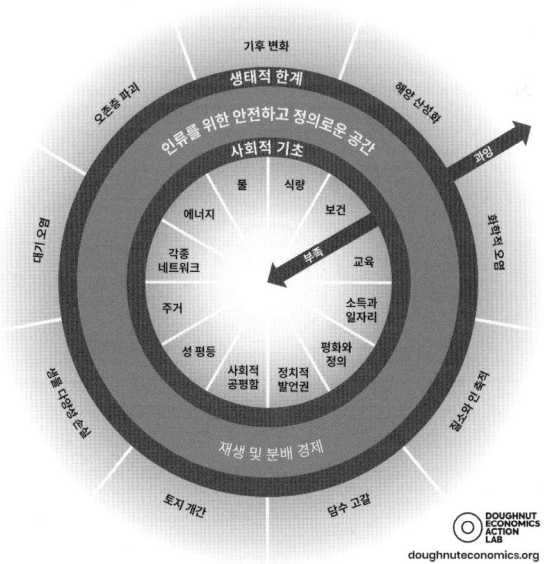

영국의 경제학자 케이트 레이워스가 창안한 도넛 그림. 성장을 목표로 하지 않고, 식량과 물, 보건 등 인간의 사회적 기초가 보장되면서 지구의 생태 한계를 넘지 않는 경계 사이에 위치하는 경제를 강조하는 그림.
출처: Doughnut Economics Action Lab 누리집. https://doughnuteconomics.org/

국가와 지자체 각 단위에서는 기후위기에 대응하고 생태계 파괴를 최소화하는 계획경제가 전면적으로 도입될 필요가 있다. 여기에서 계획 경제는 관료와 자본, 특정 정치세력이 주도하는 계획이 아니며 일반 시민이 참여하고 다른 생명체의 목소리까지도 반영될 수 있는 계획경제여야 할 것이다. 이때 계획의 범위는 영국의 경제학자 케이트 레이워스가 만들어낸 '도넛경제학'이 말하는 것처럼, 인간의 기본적인 욕구가 충족되면서 지구의 생태적 한계를 넘어가지 않는 경계 내에 위치하는 것이 필요하다. 1년 단위의 예산을 짜더라도 5년, 10년 이상의 중장기적 전망 아래 필요한 재화의 양과 에너지를 어떻게 얼마나 생산할지에 관한 구체적인 계획이 논의될 수 있다. 세계 여러 지역에서 '도넛경제'를 실험하는 곳도 있기 때문에 불가능한 이야기는 아니라고 생각한다.

제도와 계획의 실현을 위해서라도 무엇이 더 좋은 삶인지에 대하여 사회적인 협의를 전제로 하면서 일상생활에서의 구조적 변혁이 함께 진행되어야 할 것이다. 생태경제학자 제이슨 히켈이 『적을수록 풍요롭다』에서 제안한 것처럼, 다음의 방향을 고려하면서 성장 의존에서 벗어나고, 포스트 자본주의 사회를 만들어갈 필요가 있다. 의도적으로 짧은 기간이 지나면 교체가 필요하게 만드는 상품을 생산하는 관행에서 벗어나 제품을 수리해서 사용할 방법을 만들기, 사람들의 심리를 조작하고 불필요한 소비를 조장하는 광고를 과감하게 줄이기, 자동차를 소유하지 않고 공유하며 주택을 사지 않고도 장기간 이용할 수 있는 소유권이 아닌 이용권으로의 전환, 식품 폐기를 없애 낭비를 줄이고 그에 따라 과도한 농업의 규모를 줄이기, 소고기 산업이나 군수 산업, 개인 전용기 산업 등 생태계를 파괴하는 산업의 규모 줄이기, 노동자 간 임금 격차에 상한을 두는 임금 피크제 도입과 과감한 부유세의 신설 등을 통해 불평등 줄이기, 전 사회적으로 노동시간을 단축하고 그 시간을 여가와 돌봄에 할애하기, 보건과 교육, 공공 교통과 공공 도서관, 공원 등 기본재의 탈상품화와 커먼즈(공공재) 확장 등등…….

구조 변혁과 일상에서의 관점 변화를 연결하는 것은 연대의 힘이다. 재난이 일상화하고 거주하기 어려운 세상이 다가오리라는 생각을 하게 되면, 미래에 대한 무력감과 우울함이 생길 수 있다. 파국이 다가오는 것에 대한 불안감, 좋은 미래가 박탈당한 것에 대한 분노와 좌절감이라는 공통의 감정을 긍정적인 에너지로 전환할 수 있을까? 호모 사피엔스의 장점을 최대한 발휘하여 상상력을 통해 여럿이 잘 살 수 있는 미래를 꿈꾸는 시도를 계속할 수 있다면, 미래에 대한 무력감과 불안감, 분노, 좌절감을 긍정적인 방향으로 전환할 수 있으리라고 생각한다. 몇 해 전 타계한 과학철학자 브뤼노 라투르가 명명한 '녹색계급'의 이름 아래 연대하며 새로운 세상을 향한 구체적인 설계도를 그려야 할 때이다.

제3부

우리 현실에 맞는
과학기술과 인문사회 학술정책

제9장
인문학자의 시각에서 본 과학기술정책

이강재(서울대학교 중어중문학과 교수)

들어가면서

 우리나라는 과학기술을 지금보다 훨씬 더 중시해야 한다. 과거 과학을 통해 국가의 기틀을 만들고자 했던 '과학입국(科學立國)'을 주장했다면, 이제 과학을 통해 국가를 흥성하게 만들어야 할 '과학흥국(科學興國)'의 시대를 만들어야 한다. 나는 인문학자이지만 항상 과학의 중요성을 강조한다. 물론 여기에 더해 인문학적 통찰력이 국가를 경영하는 데 중요하며, 학술에 의한 국가 경영 즉 '학술경국(學術經國)'을 주장한다. 과학과 기술의 발전은 인간과 세계를 변화시킨다. 반면에 인간과 세계에 대한 인문학적 통찰은 올바른 과학과 기술의 발전을 이끌어준다. 과학과 인문학은 새의 두 날개처럼 서로 함께 우리 사회를 발전시키는 중요한 두 축이 될 것이다.

 아래의 글은 인문학자의 입장에서 그동안의 과학기술 관련 정책을 보면서 떠오른 생각을 기술한 것이다. 과학기술을 중시하기 위해 우선 대학원의 석사, 박사과정에 재학 중인 전업 연구자에게 등록금은 물론 생활비까지 가능한 경제적 지원이 있어야 한다. 2025년 시작된 스타이펜드는 그 시작일 수 있다. 윤석열 정부에서 'R&D 카르텔' 운운한 일은 과학기술인에게 큰 상처를 주었다. 그 많은 연구비 중 남몰래 새어나가 카르텔이라고 지적할 R&D 예산 낭비가 전혀 없을 수는 없다. 그렇지만 초가삼간 모두 태우면서까지 잡아야 할 벼룩이 있는 것이 아니듯, 카르텔이라는 죄목을 씌우면서까지 척결해야 할 예산 집행이 그렇게 많지는 않았을 것이다. 이 때문에 장기적인 안목에서 추진되어야 할 연구가 중단되는 일을 생겼고 국가의 정책에 대한 불신을 심어주면서 많은 과학기술인이 우리나라를 등지게 만드는 결과를 만들었다. 이제 얼마나 빨리 국가의 정책에 대해 믿음을 회복할 것인지가 중요하다. 대통령 선거 과정에서 모든 후보는 AI에 대한 투자를 강조하였다. 국가가 지원해야 할 분야가 AI에만 있는 것은 아니다. 반도체는 여전히 중요하고, 양자역학, 합성생물학 등도 지금 단계에서 중점적으로 지원해야 할 분야이다. 반도체의 근간이 되는 물리학을 비롯한 기초과학에 대한 지원은 더 절실하다. 기초가 무너지고 나면 응용과 개발 분야는 장기적으로 사상누각에 불과하다. 이를 위해서는 기초연구와 기초과학이라는 용어에 대한 정리도 필요하다.

이러한 생각으로 아래에는 교수신문의 <대학정론>에 투고했던 네 편의 글이 들어있다. 첫째는, "R&D 예산 논란과 과학기술 인재 양성"인데, 지금 현재의 과학기술인부터 중시하는 것이 궁극적으로 중요한 인재 양성 정책임을 언급하였다. 둘째는, "과학기술계에 대해 '카르텔' 운운은 타당한가?"인데, 앞서 언급한 카르텔 운운한 것이 어떤 문제가 있고 어떤 파장을 남겼는지 논하였다. 셋째는, "R&D 예산 논란이 남긴 것"인데, R&D 예산 관련 논란이 남긴 네 가지 후유증을 논하였다. 넷째는, "'기초'에 대한 정명(正名)이 우선이다"인데, '기초'라는 단어로 인하여 인문사회 분야에서 생겨난 혼란과 함께 기초과학과 기초연구를 명확하게 구분할 필요성을 언급한 것이다.

R&D 예산 논란과 과학기술 인재 양성

중국의 전국시대 이야기로 시작하자. 연나라가 왕의 잘못으로 국가적 혼란에 빠졌고 제나라의 침략으로 거의 망할 지경에 이르렀다. 이후 새로 왕이 된 소왕은 책사인 곽외와 국가를 부흥시키기 위해 인재를 모을 방법을 상의하였다. 곽외는 과거 천리마를 구하려던 한 임금의 이야기를 해준다. 사람을 시켜 천리마를 구하는 과정에서 죽은 천리마의 뼈를 오백 금이나 되는 큰돈을 주고 사자, 사람들은 임금이 정말로 천리마를 원한다고 믿게 되었다. 당연히 좋은 천리마를 가진 사람이 임금을 찾아왔다.

이야기의 결론은 이렇다. 곽외가 자신을 먼저 후하게 대우할 것을 권하였고 소왕은 그렇게 했다. 그 후 더 좋은 인재가 연나라로 모여들었고, 연나라는 많은 인재를 바탕으로 나라를 다시 일으켜 제나라에 대한 복수에 성공하였다.

"매사마골(買死馬骨, 죽은 말의 뼈를 산다)"이라는 유명한 이야기이다. 인재를 얻기 어려움과 인재를 얻는 방법을 말할 때 등장한다. 국가에 필요한 인재가 어떤 자질을 가져야 하는지는 시대와 역할에 따라 다르다. 물론 이 이야기도 모든 상황에 적용할 수 없다. 분명한 것은 가까이 있는 사람을 제대로 대우하지 않으면 훌륭한 인재가 오지 않는다는 점이다. 최근 R&D 예산에 대한 논란을 보면서 떠올랐던 옛이야기이다.

현재의 과학기술계에 종사하는 사람들을 존중하고 대우하는 모습이 정말 중요하다. 국가의 미래를 책임질 젊은 세대의 선택과 관련이 있다. 인간은 누구나 부귀해지고 싶은 욕망이 있다. 아무리 책임감과 사명감이 중요해도 '열정페이'를 강요해서는 진정한 인재를 모으기는 어렵다.

나는 인문학 전공자로서 학술지원 예산이 부족한 상황에서, 상대적으로 넉넉한 연구개발 예산과 학문후속세대에 대한 지원이 많아 보여 과학기술계를 부러워했다. 하지만 과학기술 R&D 예산에 대한 논란을 보면서 우리나라가 정말로 과학기술을 중시하는지 의심이 들기 시작했다. 모든 예산 편성은 해당 부처와 기획재정부의 협의를 먼저 거치는데, 여러 부처에 걸쳐 있는 R&D 예산도 마찬가지이다. 다만 그 이후 과학기술인이 참여하는 헌법기관인 국가과학기술자문회의에서 논의를 거쳐 정해지면, 기획재정부의 역할은 상대적으로 적다고 알고 있었다. 나는 이것을 과학기술인에 대한 국가의 존중으로 받아들였다.

이제 그러한 생각이 깨졌다. 오랜 논의를 거쳐 정리된 예산안에 제동이 걸렸다. 세입의 감소와 재정 적자 때문이라고 하는데, 전체 예산이 증가한 것을 보면 꼭 그런 것도 아니다. 그런데 갑작스럽게 "R&D 카르텔"이라는 말이 등장했다. 시작은 최고통치권자의 언급이지만, 누군가의 그릇된 인식과 기획재정부의 입김이 작용했을 것이라는 의구심이 있다. 당장 내년 R&D 예산의 감축도 걱정이지만, 과학기술 예산에 대해 예측이 불가능해졌다는 점이 더 걱정스럽다. 거대한 국가의 살림을 하니 당연히 세입을 고려하여 세출을 생각해야 한다. 이때 어디에 우선순위를 둘 것인지가 중요하다. 과학기술을 중시하지 않겠다는 선언처럼 보이는 점도 걱정스럽다. R&D 예산에 대한 논란이 현재 과학기술인의 만족도를 떨어뜨리면 필연적으로 과학기술에 인생을 바치겠다는 인재의 유입에 어려움이 생긴다. 결국 국가의 미래 경쟁력이 약해질 것이 분명하다. 이번 논란이 젊은 과학기술인에 대한 지원을 늘리겠다는 것으로 쉽게 해결될 수 없는 이유이다. 천리마를 구했던 옛이야기가 떠오른 것도 이 때문이다.

(2023.10.23. 교수신문 대학정론)

과학기술계에 대해 '카르텔' 운운은 타당한가?

나는 국가 정책에서 과학기술만 중시하는 것을 반대한다. 인문학, 사회과학, 예술, 체육 등이 함께 있어야 올바른 사회의 발전이 가능하다. 나는 과학기술을 홀시하는 것은 더욱 반대한다. 과학기술 분야 연구자들을 흔들어서도 안 된다. R&D 카르텔에 대한 논의를 보면서 하는 말이다. 사회 곳곳에 카르텔이 만연해 있다면 이를 척결해야 한다는 것을 부정할 사람은 없다. 국민의 눈에 가장 강력한 카르텔로 보이는 법조계와 정치계는 어쩌지 못하고 힘없는 사람에게 카르텔을 들이대는 것은 걱정스럽다.

과학기술 분야 종사자는 참담한 심정이다. 자신과 관련된 문제이고 어딘가 그런 요소가 있을지도 모르니 대놓고 불만을 토로하지도 못한다. 인문학 전공자로서 나는 과학기술 R&D에 대해 카르텔 운운에 동의하지 않는다. 일부 있다고 해도 이렇게 모두에게 혐의를 씌울 수 없다. R&D 예산에는 국립대학 교수의 급여와 KAIST 등 특수목적대학원의 예산이 포함된다. 교육부의 대학재정지원사업 역시 R&D에 포함된다. R&D 예산에는 연구개발 외에 급여성, 복지성 비용도 있다는 말이다. 또 어떤 분야는 투자의 성과가 바로 나오지만, 어떤 분야는 성과가 없어도 10년 이상 기다리면서 계속 투자해야 한다. 당장은 실패처럼 보이는 연구가 세상을 변화시킨 사례는 차고도 넘친다. R&D 예산을 '콩나물 물 주기'와 같다고 말하는 이유이다.

정부출연연구원의 상황은 더욱 어렵다. 'PBS'라고 하는 연구비에 기반한 급여 방식은, 고정된 급여를 주면 적극적인 연구를 하지 않을 것이라는 불신에 근거한다. 그럴 사람이 없지는 않겠지만, 적극적인 연구자의 의욕을 떨어뜨리는 방식이다. 적게는 30%에서 많게는 70% 이상을 PBS 방식에 의존하여 급여를 받는 출연연 연구자들은 지금도 단기적 성과에 매달리도록 내몰린다. 이제 연구원의 예산과 국가 연구비의 삭감을 통해 생활의 질은 더욱 떨어질 것이다.

이들은 아마도 자신의 전공 선택이나 해외가 아닌 국내에서 연구하기로 한 결정을 후회하고 있을 수 있다. 다음 세대에게 차라리 의과대학이나 로스쿨에 진학할 것을 권할 것이다. 부유한 환경에서 태어난 사람이 아니라면 이미 의사의 길도 험난하다. 고가의 의료 장비와 높은 임대료 등 큰 금액을 금융권에 의존하기에 신규 개업의 중 상당수가 파산한다는 말이 들려온 지도 오래전 일이다. 로스쿨도 졸업 후 변호사 합격

률이 50% 정도여서 끝내 변호사 시험을 통과하지 못하는 사람도 부지기수다. 기존의 공고한 변호사 시장을 뚫기도 쉽지 않다. 이처럼 로스쿨 졸업자의 찬란한 미래도 옛말이다. 하지만 지금처럼 카르텔로 싸잡아서 혼이 날 바에는 상대적으로 확률이 높은 의사나 변호사를 선택하는 것이 현명하다.

카르텔이라고 부르면서 예산을 줄이고 시범적으로 일부를 처벌하면 여론의 지지를 얻을 수 있다. 10년 후 혹은 20년 후의 결과와 관계없이 빈대를 잡기 위해 초가삼간 태울 각오가 있다면 가능하다. 국가의 정책은 새로운 방향의 제시를 통해 기존의 것들을 대체할 때 힘을 얻는다. 과거 '적폐청산', '범죄와의 전쟁', '사정 정국' 등이 결코 미래 지향적 모습은 아니다. 지금의 과학기술 종사자를 적극 대우하는 모습이 보이지 않는다면 미래에 더 우수한 인재가 이 분야를 외면할 것이다. 나는 과학기술계에 대해 R&D 카르텔 운운하는 것을 반대한다.

(2023.8.28. 교수신문 대학정론)

R&D 예산 논란이 남긴 것

새해가 밝았다. 희망이 넘쳐나는 때이다. 과학기술계는 그렇지 않을 듯하다. 새해가 되었어도 줄어든 연구비로 한숨만 늘어나고 있다. 지난 연말의 국회 심의를 거쳐 정부 R&D 예산이 전년 대비 14.7%(4조6천억 원) 줄어든 것으로 최종 확정되었다. 원래의 정부안 대비 6천억 원이 증액되었다고는 하지만, "언 발에 오줌 누기"에 불과하다. 예산은 일단 정부안이 국회에 상정되고 나면 증액이 정말 어렵다. 처음의 정부안이 가장 중요하다는 말이다.

R&D 예산과 관련된 논란이 남긴 후유증을 생각해 본다.

첫째, R&D 예산에 대한 예측 가능성이 사라졌다. 연구 개발은 단기적인 투자도 필요하고 장기적인 투자도 필요하다. 예산의 예측 가능성은 곧바로 연구의 지속성과 관련된다. 미래를 이끌어갈 인력 양성까지 생각한다면 갑작스러운 변화는 큰 문제를 남긴다. 그동안 R&D 예산 편성 과정이 중장기적 계획에 의해 나름의 체계가 있었던 이유이다.

둘째, 과학기술계 원로에 대한 신뢰가 무너졌다. 이번 사태에 대해 아주 소수의 원로를 제외하고 대부분 침묵하였다. 후학들이 어려울 때 원로들이 침묵하면, 후학들은 선배들을 믿고 따라야 할지 고민하게 된다. 침묵의 원인은 다양할 것이다. 반대의 목소리를 냈을 경우 닥쳐올 연구비의 단절을 우려했을 수 있다. 대다수 과학기술인이 자신의 연구에 몰두할 뿐 연구비 관련 정책에 대해 목소리를 낼 준비가 안 되어 있는 것도 원인일 것이다. 과학기술 정책과 관련되어 중요한 역할을 해온 과학기술정책연구원(STEPI)이나 한국과학기술기획평가원(KISTEP)이 행정부의 외곽조직에 불과하다면, 결국 앞으로 과학기술인의 목소리를 누가 대변할 것인지가 향후의 과제가 되었다.

셋째, 과학기술 연구에 대한 국제적인 신인도의 하락이다. 과학기술에 대한 국가적 중시는 국가의 미래에 대한 기대를 높여준다. 이 때문에 과학기술을 대하는 정부의 태도는 국제적 신뢰와 관련이 깊다. 국제협력에서 중요한 것 중의 하나가 지속성인데, 예산의 변동성은 국제협력의 장애요인이다. 국제협력 명목의 예산이 늘어난다고 당장 국제협력이 활성화되는 것이 아니다. 상대는 우리에게 무엇을 기대할지 생각해야 한다. 일시적이지 않고 장기적인 교류를 통해 상호 발전하기를 원한다. 그래서 장기적으로 지속 가능하다는 믿음이 필요하며, 예산의 변동성은 이러한 믿음을 훼손한다.

넷째, 과학기술인이 되려는 인재가 줄어들 것이다. 최종 예산에서 젊은 과학기술인을 위한 예산이 일부 늘었다고는 하지만, 인재의 유입을 촉진하기에 한계가 있다. 과학기술의 국가적 중요성을 언급해도 인간의 욕망이란 돈이 되고 현실적인 이익이 있는 곳으로 향한다. 의대 쏠림이 심하고 더구나 의대 증원까지 논의되는 상황에서, 과연 우수한 인재와 그들의 부모는 무엇을 보고 느꼈을지 짐작하기 어렵지 않다.

미국의 바이든 대통령은 취임 직후 과학자들을 만나 국가가 풀어야 할 다섯 가지의 중요한 과제에 대해 과학적 해결책을 요구했다. 그리고 이를 위해 미국의 과학재단(NSF)에 엄청난 규모의 예산을 증액했다. 국가의 지도자가 보여준 이러한 모습에 경탄하면서 그저 멀리서 부러워할 뿐이다. 연초부터 우리는 지금 어디에 있으며 어디로 가고 있는지 생각이 많다.

(2024.1.8. 교수신문 대학정론)

'기초'에 대한 정명(正名)이 우선이다

제자 자로가 정치에서 무엇을 먼저 할지 묻자, 공자가 이름을 바로 잡겠다고 답한다. 자로는 공자의 현실 감각을 불평하지만, 공자는 그런 자로를 질책한 후 이름을 바로 잡는 것이 중요한 이유를 자세하게 설명한다. 이름을 바르게 한다는 '정명(正名)'의 출처이다. 명칭의 중요성은 명칭이 정확하지 않아서 생긴 문제를 만나면 절실해진다.

문재인 정부는 기초연구비를 2배로 늘린다고 공약했다. 5년 동안 한국연구재단 기초연구본부의 예산은 1.26조 원에서 2.5조 원으로 늘었다. 처음 인문사회 연구자들은 연구비의 증액이 실현된다고 환호했다. 곧 기초연구에 인문사회가 포함되지 않음을 알고 실망한다. 기초과학자 역시 그들이 원했던 방식이 아님을 알았다. 더구나 현 정부는 앞선 정부에서 이미 예산을 두 배나 올려주었으니 더 늘려줄 수 없다고 한다. 연구비의 증액으로 학문후속세대를 살리겠다던 인문사회나, 실험 장비 개선과 연구 성과의 획기적 발전을 기대한 기초과학 모두 실망이 컸다.

한국연구재단의 기초연구본부에는 자연과학단이나 생명과학단 외에 공학단, ICT융합연구단 등이 속해 있다. 기초연구가 기초과학을 의미하는 것이 아니라는 말이다. 인문사회는 스스로 기초학문이고 기초연구라고 생각하는데, 이미 아버지를 아버지로 부를 수 없는 홍길동과 같은 처지이다. 기실 기초연구란 대규모 예산이 들어가는 국책 사업을 제외한 과학기술 분야의 연구지원 방식을 의미한다. 이는 과학재단과 학술진흥재단이 통합하여 출범한 한국연구재단의 태생적 한계와도 관련이 있다. 과학재단에서 지원해온 기초연구라는 명칭을 그대로 쓰면서 통합 전 학술진흥재단에서 해온 인문사회의 기초연구는 배제되었다.

기초연구진흥법은 기초과학진흥법에 근원을 두고 있지만, 기초과학

대신에 기초연구라는 말을 쓰면서 원래의 법률과는 다른 길을 가고 있다. '화물생지(化物生地)'의 기초과학은 여전히 홀대받고, 거점국립대학조차 자연대학이 없어지고 있다. 기초과학자들은 과학기술 정책연구 조직인 STEPI나 KISTEP 등을 크게 신뢰하지 않는다. 불신은 일종의 트라우마처럼 깊숙하게 자리 잡고 있다. 인문사회에서 요구하는 학술기본법과 정책연구기관 설립에 대한 냉소적인 반응도 여기에서 나온다.

선도국가를 지향한다면 추격하는 방식으로는 안 된다. 대부분 동의하지만, 어떻게 해야 하는지는 의견이 다양하다. 서울대 이정동 교수는 '최초의 질문'을 강조한다. 중요한 지적이다. 챗GPT 등장으로 질문의 중요성은 더욱 커졌다. 최초의 질문은 원래 이것에 대한 성찰에서 나온다. 기초과학, 기초학술에 대한 중시를 말한다. 자연대학이 문을 닫고 있는데, 반도체 학과를 증설한다고 반도체 분야에서 가장 앞선 나라가 될 수 있을까? 반도체를 둘러싼 국제정치, 경제를 연구하는 학문은 차치하고라도 물리학을 비롯한 관련 기초과학이 무너진다면, 이는 근시안적 시각일 뿐이다.

이름을 바로 잡아야 한다. '기초', '응용', '개발'이 고정된 순서는 아니어도, 기초가 무엇인지 다시 정의해야 한다. 기초연구가 제대로 정의되지 않으면, 기초학술의 두 축인 기초과학과 인문사회의 어려움은 물론 기술개발도 한계에 직면할 수 있다. 과학기술계에서 그간 논의가 있었겠지만, 지금이라도 다시 인문사회계가 포함된 논의를 통해 이름을 바로 잡자.

(2023.5.22. 교수신문 대학정론)

제10장
인문학은 어디로 가고 있는가?

이강재(서울대학교 중어중문학과 교수)

들어가면서

우리 사회에서 인문학은 냉탕과 온탕을 오가고 있다. 대학 내의 인문학은 눈앞의 현실적인 성과를 중시하는 풍조와 함께 구조 조정의 대상이 되어 학생과 학과가 급격하게 축소하고 있다. 반면에 일반 사회에서의 인문학은 교양 교육으로 중시되고 있고 AI 발전에 따라 새롭게 제기된 인간이라는 존재에 대한 질문, AI 시대에 맞는 인간과 기계의 조화 등에 대한 성찰을 요구받고 있다.

아무리 세상이 어떻게 바뀌더라도 인간과 세계가 존재하는 한 인문학이 필요하다는 것을 부정할 사람은 없다. 다만 인문학이 지금 그리고 미래를 위해 어떤 모습을 가져야 하는지는 다양한 의견이 있다. 나는 오랫동안 인문학적 사유가 세상을 경영하는 데에 큰 도움이 된다는 생각을 견지해 왔다. 또 이를 학술을 통해 국가를 경영해야 한다는 '학술경국(學術經國)'이라는 말로 설명했다.

이러한 생각으로 아래에는 교수신문에 투고했던 다섯 편의 글이 들어 있다. 최근 몇 년 사이에 쓴 글 중 지금 이 시점에도 여전히 유효하다고 생각하는 것을 추렸다. 첫째는 "국가는 인문학에 무엇을 요구해야 하는가?"이다. 제목으로는 인문학에 대한 국가의 요구를 언급하지만 실질적으로는 지금 이 시점에서 국가와 인류를 위해 인문학이 할 수 있는 일이 무엇인지를 묻고 있다. 둘째는 "인문학도 국가와 인류의 미래를 논하고 싶다"이다. 인문학이 국가와 인류의 미래를 위해 연구하고 교육할 수 있는 조직과 제도의 필요성을 언급하였다. 셋째는, "사회적 갈등을 해결하는 교육이 필요하다"이다. 갈수록 심화되고 있는 사회적 갈등을 해결하기 위해 인문학이 적극적으로 교육에 나서야 함을 언급하고 있다. 넷째는, "학술기본법을 제정해야 하는 이유"이다. 앞의 세 편의 글에서 언급한 인문학의 역할을 제대로 수행하기 위해 필요한 제도적 뒷받침으로서의 학술기본법을 논하였다. 다섯째는, "이제는 학술경국 시대로⋯인문사회 통찰로 갈등 해결"이다. 이는 교수신문과 인문사회총연합회가 공동으로 기획했던 "인문사회 오늘을 말하다"의 아홉 번째 주제인 "인문사회 학술정책 현황"이다. 최근의 인문사회 학술정책과 관련된 성과와 현황을 돌아보고 앞으로 중점을 두어야 할 것이 무엇인지를 논하였다.

국가는 인문학에 무엇을 요구해야 하는가?

미국 바이든 대통령은 집권 초기 과학기술계에 다섯 가지 문제에 대한 해법을 물었다. 전염병, 기후변화, 중국과의 경쟁, 양극화, 과학자 양성이 그것이다. 1944년 2차 대전 종료 전 루스벨트 대통령은 과학기술이 국민 건강, 경제 번영, 국가 안보에 기여할 방안을 물었다. 당시 과학계는 「과학, 끝없는 개척(Science, The Endless Frontier)」이라는 보고서를 제출하였고, 이것이 국립과학재단(NSF, National Science Foundation) 설립의 계기가 되어 현재까지 이어지고 있다.

인문학으로 눈을 돌려보자. 미국의 인문학 지원기관인 국립인문학재단(NEH, National Endowment for the Humanities)은 1965년 존슨 대통령 시기 '예술과 인문학을 위한 국가재단법'에 근거하여 설립되었다. "과거에 더 날카롭게 집중함으로써 현재에 대한 더 나은 분석과 미래에 대한 더 나은 시각을 갖기 위해 과학과 기술만이 아닌 학술적·문화적 행위 가치를 인정하여 지원할 필요성"을 명시하였다. 과학기술로 해결할 수 없는 분석과 시각을 위해 인문학적 가치를 인정하고 지원한 것이다. NEH의 기능은 한국연구재단과 유사하다. NEH의 이사장을 대통령이 직접 임명하며, 정책 자문을 제공하는 26명의 민간 학자로 구성된 국립인문학위원회(National Council on the Humanities)는 상원의 승인을 거쳐 임명된다. 상·하원과 직접 협의를 통해 연방정부의 예산을 지원받되 구체적인 사업에서 자율성을 인정받는다는 점에서 차이가 크다.

나는 이 모습이 한없이 부럽다. 대통령이 미래를 위한 큰 그림을 그리면서 학자의 의견을 중시하기 때문이다. 물론 모든 학문은 그 자체로 이미 가치가 있다. 기초 학문인 인문학에 대해 당장 눈앞에 보이는 사회문제 해결에 앞장서기만을 요구할 수 없다. 그러나 국가의 지원을 받는 어떤 분야도 국가적 필요성, 국민적 요구에서 완전히 자유로울 수 없다. 최근 국가 연구비가 사회 문제 해결을 강조하는 것도 같은 맥락이다.

국민을 대신하여 국가의 정책을 추진하는 행정부의 인문학 혹은 인문학자에 대한 요구를 보자. 최근 정부는 학문의 다양성과 가치를 무시하고 일방적으로 구조조정을 밀어붙이고 있다. 명시적으로 구조조정을 말하지 않아도 무전공 확대의 결과는 결국 인문학을 비롯한 기초 학문의 위기를 유발하고 이는 결국 인간의 위기로 이어질 것이다. 인문학자에게 현재를 성찰하며 사회를 위해 무엇을 할 것인지 물었던 미국의 경우와 너무 다르다.

우리 사회가 이룩해 낸 산업화의 이면에는 사각지대에 놓인 사회적 갈등이 있다. 디지털 대전환 시대를 맞이하여 인간이란 무엇인지에 대한 고민의 시기를 보내고 있다. 출산율이 급격하게 떨어진 것에는 행복한 인간의 삶이란 무엇인가에 대한 근본적인 질문이 들어있다. 세계적인 기후 위기는 우리에게 어떻게 살아야 할지 묻고 있다. 성장 중심의 사회를 성숙한 사회로 전환하기 위하여 삶의 질을 높일 방법을 찾아야 한다. 국가는 인문학자에게 이러한 문제에 대한 해답을 요구해야 하며, 각 분야에서 세계적 수준에 오르기 위한 노력을 요구해야 한다. 인문학은 더욱 건강하고 튼튼한 기반의 사회를 만들기 위한 충분한 답변을 해줄 준비가 되어 있다.

나는 최근 많은 젊은 학자들을 만나면서 이미 새로운 시대에 맞게 연구하고 교육하면서 변화를 준비하고 선도하는 모습을 목격하였다. 지금은 인문학과 인문학자에게 억압보다 질문과 요구를 통해 우리 사회가 나아갈 방향에 대해 적극적인 역할을 요구하는 것이 국가가 할 일이다.

(2024.5.20. 교수신문 대학정론)

인문학도 국가와 인류의 미래를 논하고 싶다

　2024년 10월 초 서울대 공대에서 「서울공대, 대한민국의 미래를 논하다」라는 주제의 포럼이 있었다. 이 자리에서 '글로벌 기술 패권 시대, 공학의 과제와 역할'이라는 발표가 있었고 토론이 이어졌다. 포럼을 끝까지 지켜보면서, 과학기술 중심의 사회이기에 공과대학에서 국가의 미래를 논할 수 있다는 점에서 부러움을 느꼈다.

　과학기술정보통신부는 매년 5년 단위로 '과학기술 기본계획'을 세운다. 2018년부터의 제4차 기본계획은, "2040년을 향한 국가과학기술 혁신과 도전"이 기본 방향이었다. 2023년부터의 제5차 기본계획은, "국가 사회 현안을 해결하는 과학기술 혁신정책"을 내세웠다. "국가, 사회 현안 해결"이 강조되면서 "국가의 혁신, 경제의 회복, 사회의 포용, 인류와 국가의 생존"이라는 4대 목표를 제시하였다. 사회 문제의 해결은 인문사회 분야의 전유물이 아니다.

　기본계획의 수립은 「과학기술기본법」을 법적 근거로 한다. 과학기술 분야는 20여 개의 관련 법률이 촘촘하게 각 분야의 다양한 요구를 해결하고 있다. 과기부 산하에 차관급 조직인 혁신본부를 두고서 과학기술 관련 제도와 기본계획 수립, 예산 확보를 담당한다. 대통령을 위원장으로 하는 헌법기관인 국가과학기술자문회의가 있다. 올해 초 대통령실에 과학기술수석이 생겼다. 과학기술 정책과 관련된 연구 조직인 과학기술정책연구원(STEPI)과 한국과학기술기획평가원(KISTEP)이 있다. 경력단절 여성 연구자를 지원해주는 한국여성과학기술인육성재단이 있다.

　과학기술과 인문학 관련 법률과 조직의 차이가 이렇다. 인문학 분야의 학술지원은 과학기술 분야를 포괄하는 「학술진흥법」을 근거로 한다. 독자적인 법률이나 조직이 없다. 모든 것을 개인에 맡겨 알아서 공부하고 연구할 뿐이다. 인문학자에게 "당신이 좋아서 한 일 아닌가?"라거나 "아무런 구체적 생산도 하지 않는 분야이다"라고 한다. 인문학의 성과는 당장 눈에 보이지 않아도 장기적으로 국가와 인류 전체에 큰 영향을 미친다. 즉, 시작은 개인이 좋아서 했어도 결과는 개인만의 것이 아니다.

최근 인문대학의 몇몇 교수들이 모여서 환경 문제에 대한 집담회를 한다. 여러 분야 교수들이 자기 분야를 환경 문제와 관련하여 발표하고 토론한다. 심각한 기후 위기 속에서 인문학자들이 할 일을 찾아가고 있다. 역사에 대한 수많은 논쟁과 별도로 대중을 대상으로 우리의 역사를 전파하려는 공공역사 분야도 활발하다. 얼마 전 우리에게 기쁨을 안겨 준 노벨문학상의 흥분이 아직 남아있지만, 사실 그전에 인문학적 보편 사유에 입각한 우리의 영화가 아카데미상 작품상을 받았다.

이러한 중요한 노력과 성과에도 불구하고 국가 차원에서 인문학을 위한 장기적인 목표나 정책적인 배려를 기대하기 어렵다. 인문학을 위한 정책을 연구하고 지원하는 조직과 법률이 부족하기 때문이다. 나는 희망한다. 인문학을 위한 기본법이 만들어지고, 국가 차원에서 인문학 발전을 위한 5년 단위의 기본계획을 세우며, 이를 수행하기 위한 조직으로서 인문학 정책연구원을 만들고, 이에 맞는 국가 차원의 지원이 이루어져야 한다. 현재처럼 하나의 법률에 모든 것을 걸고 교육부의 처분만을 바라보는 방식으로는 더한층 발전하여 국가와 인류에 공헌하는 인문학을 기대하기 어렵다. 인문학 분야에도 적절한 조직과 제도가 갖추어진다면, 구조조정을 앞에 두고 예측 불가능한 미래를 걱정하기보다 국가와 인류의 미래를 논하고 그것을 실천하게 될 것이다.

(2024.10.21. 교수신문 대학정론)

사회적 갈등을 해결하는 교육이 필요하다

곧 정치의 계절이다. 총선을 두고 하는 말이다. 정당마다 국가를 위한 정책을 제시하고 유권자의 심판을 받는다. 그렇지만 우리 선거에서 빼놓지 않고 등장하는 것은 사회적 갈등의 재생산 혹은 확대이다. 정치적 목적을 위해 국민을 분열시키는 일이 잦아진다. 유권자가 현명해지면서 갈등을 조장 혹은 이용하는 자를 알아보고는 있지만 여전히 불안하고 불편하다. 온갖 갈등이 수면 위로 올라오면서 오히려 유권자의 마음에 증오를 심어주고 있다는 걱정 때문이다.

세상 어디에나 갈등은 있다. 같은 생각을 가진 사람은 어디에도 없다. 그러니 사람 사이의 갈등은 당연하다. 민주주의는 인간의 갈등을 해소하고 타협하면서 발전한다. 즉, 갈등은 더 나은 사회로 발전하도록 해주는 원동력이 될 수 있다. 다만 그것이 선거와 만나면 증폭되고 때로는 걷잡을 수 없이 커지면서 해결을 더욱 어렵게 만든다.

진보와 보수를 가르는 진영 간의 갈등, 남성과 여성 간의 젠더 갈등, 국토의 동서를 가르는 지역 갈등, 정규직과 비정규직 간의 갈등, 다문화 가정과 이주자 및 소수자 문제에서 생기는 갈등, 세대 간의 갈등 등이 여기에 속한다. 수도권과 비수도권의 갈등은 이제 수도권 내에서도 서울에 편입될 것인지 아닌지의 논쟁으로 확대되고 있다. 정치와 선거는 끊임없이 이익과 확대를 추구하는 인간의 내면 욕망을 볼모로 온갖 유혹을 통해 갈등을 심화시킨다.

2020년 우리나라의 갈등에 따른 사회적 비용이 1년에 80조 원에서 246조 원에 이른다는 보고서가 있다. 지금은 그때보다 사회적 비용이 더 많아졌을 것이다. 수많은 갈등은 갈등의 어느 쪽이냐에 관계없이 모두를 행복으로부터 멀어지게 만든다. 헌법에 분명 "모든 국민은 인간으로서의 존엄과 가치를 가지며, 행복을 추구할 권리를 가진다"라고 명시되어 있다. 사회적 갈등은 우리가 행복을 추구하지 못하게 만든다. OECD 최저의 출산율과 최고의 자살율, 갈수록 심해지는 정치에 대한 무관심, 젊은층의 미래에 대한 희망의 상실 등은 사회적 갈등과 무관하지 않다.

사회적 갈등이 한순간 해결될 수는 없다. 최근 SNS와 AI의 발달은 개인에게 편향된 생각을 강화시켜 갈등을 더욱 심화시킨다. 갈등의 조정은 현재의 모습에 이르기까지 걸린 세월만큼 앞으로도 길고 긴 세월이 흘러야 가능할 수 있다. 사회적 갈등을 해결하려는 국가적 노력과 정치인의 각성이 있어야만 한다. 물론 정치인이 갈등을 통해 자기의 이익을 극대화하려 한다는 속성이 있다면, 이들의 각성을 기대하기는 불가능하다. 이미 어느 한 편에 서 있는 국가기관이나 정치인에 의한 갈등 조정은 때로 갈등의 심화일 수 있기 때문이다. 그래서 갈등을 조장하고 이를 이용하려는 사람을 걸러내는 것이 중요하다.

무엇보다 서로를 존중하고 함께 살아가려는 시민교육이 오랫동안 쌓여야 한다. 대학의 인문사회 교육은, 현재 우리 사회가 가진 다양한 문제를 각 분야의 시각에서 가르친다. 여기에서 무엇보다 다양한 사회의 모습, 서로 다른 모습을 포용하는 삶의 태도를 가장 중시해야 한다. 단순한 지식의 습득은 인터넷과 AI의 발달에 따라 이미 그 가치가 줄어들었다. 올바르게 판단하고 행동하는 건강한 시민이 되는 교육이 중요한 때이다. 앞으로의 교육은 사회적 갈등을 해결하기 위한 노력이 더욱 많이 반영되어야 한다.

(2023.12.5. 교수신문 대학정론)

학술기본법을 제정해야 하는 이유

국회 교육위원회 전 위원장인 더불어민주당 유기홍 의원이 지난달 22일 「인문사회학술기본법」을 발의했다. 2021년 3월 24일 정청래 의원이 발의한 「기초학술기본법」, 2022년 12월 8일 강득구 의원이 발의한 「기초학술기본법」에 이어 세 번째다. 앞서 발의된 두 가지 법안은 기초과학과 인문사회를 포괄하는 법안이었지만, 「인문사회학술기본법」은 인문사회에 국한된 것이다.

법안은 인문사회 학술연구를 뒷받침할 법률적 지원체계와 근거가 부족하다는 인식에서 출발한다. "안정적인 지원과 함께 인문사회 학술정책 제도를 수립하고 관장할 컨트롤타워를 분명하게 설정하고 책임과 권한을 부여할 법률적 기반을 마련해야 한다"는 것이 법안 발의의 중요한 취지다. 과학기술계는 20여 가지 법률을 통해 지원 근거를 마련했지만 인문사회만을 위한 법안은 아직까지 하나도 없는 형편이다. 지난 20여 년 학계에서 학술기본법의 제정을 촉구해온 것을 생각하면 이제야 법안이 발의되었다는 것이 오히려 이상할 정도다.

법안 발의에 앞서 인문사회 연구자들이 국회에 청원을 하기도 하였다. 2020년 8월 5일 당시 전국국공립대인문대학장협의회 회장인 전남대 류재한 학장을 대표로 한 '인문사회 분야의 안정적인 연구교육 기반 조성에 관한 청원서'가 그것이다. 당시 인문사회 분야에서는 드물게 4천500여 명이 동참하여 미래를 위한 발전적 학술의 방향을 제안하였다. 국회 교육위원회에서 아직까지도 이 청원에 대해 진지한 논의가 없었다. 이후 근본적인 해결책은 법률적 근거의 마련이라고 생각하여 학술기본법을 제정하려는 노력이 지속되고 있다.

인문사회 학술의 현황과 미래에 대해서나 학술기본법이 제정된 후 인문사회 분야가 단기적으로 크게 나아질지에 대해서는 의견이 다양하다. 또한 20여 가지 법률의 지원에서 살아가는 과학기술 분야의 연구자들이 법률의 제정을 주장하는 인문사회 연구자를 이해하는 것도 쉽지 않다. 법률이 지금까지 과학기술 발전에 기여한 점은 미처 느끼지 못한 채 자유로운 연구를 제한한다고만 생각할 수 있기 때문이다.

이 때문에 학술기본법을 만들기 위한 인문사회 연구자의 노력을 냉소적으로 바라보는 사람들도 있다. 법률이 갖는 구속력에 대한 우려와 함께 학술정책기관을 만들었을 때 이 기관에 관여하는 사람들만의 논리에 빠지거나 정책을 위한 정책에 그칠 것에 대한 걱정 때문이다. 이러한 우려가 전혀 근거가 없는 것이 아니다. 하지만 이는 굶주림에 울고 있는 사람에게 비만을 걱정해서 음식을 주면 안 된다는 주장처럼 느껴진다. 매번 교육부와 기재부의 벽을 넘지 못해서 변화된 사회에 맞는 변화된 학술연구를 하려는 요구가 계속 좌절되는 인문사회의 상황을 조금이라도 이해한다면, 이번 학술기본법의 제정을 위한 노력에 모든 분야의 학자들이 관심을 갖고 힘을 보태야 할 것이다.

학술이란 문명사회에서 생존과 생활의 기초로 작동한다. 특히, 세계 문명을 이끄는 선도국가에서 문화의 동력이고 경제의 첨병이다. 디지털 문명으로의 전환이 가속화될수록 한국어 기반의 학술은 보편 문명국으로서의 대한민국과 첨단 경제의 길라잡이로 역할을 할 것이기에 학술기본법의 제정은 더 늦출 수 없는 시급하고도 중요한 일이다.

(2023.7.3. 교수신문 대학정론)

이제는 '학술경국' 시대로…인문사회 통찰로 갈등 해결

지난 2년 인문사회 학술정책과 관련하여 몇 가지 새로운 일이 기록된다. 지난해에 인문사회학술연구교수 지원사업이 시작됐다. 매년 비전임 박사 연구인력 300명을 선정하여 연 4천만 원의 연구비를 5년간 지원해주는 파격적인 사업이다. 유사한 사업이 이전에도 있었다. 인원과 연구비의 확대, 소속대학을 지정하도록 강제하지 않는다는 것이 과거와의 차이이다. 인문사회 연구자의 진로에 어려움이 크고 대학과 관계없이 독립연구자로서의 길을 가려는 연구자가 많아지는 변화를 반영한 정책이다.

인문사회 연구자들이 학술기반 확대를 요구하는 국회청원을 했다. 지난해 인문사회를 대표하는 단체들이 힘을 모아 '인문사회 분야의 안정적인 연구교육 기반 조성을 위한 청원서'를 국회에 제출했다. 단기간에 4천458명의 연구자가 동참했다. 인문사회연구자들이 국가주의와 시장주의에 대한 경계를 통해 연구의 자율성과 불간섭주의가 강했다는 특성을 생각하면 이례적인 일이다.

「기초학술기본법(이하 '기본법')」의 발의도 이루어졌다. 인문사회 학계에서는 오랫동안 학술지원의 근거가 되는 기본법이 필요하다고 주장했다. 올해 3월 24일 "인문사회 분야를 포함한 기초학술 진흥의 근간이 될 기본법이 있어야 하다"라며 더불어민주당 정청래 의원 등이 「기초학술기본법」을 발의했다.

현재의 학술지원에 대한 근거 법령인 「학술진흥법」이 기초학술 관련 사항에 대한 컨트롤 타워로서의 기능이 약하다는 판단에 따른 것이다. 과학기술계는 「과학기술기본법」을 필두로 20여 개의 법률이 과학기술과 과학기술인을 위한 국가적 지원의 필요성과 구체적인 방법을 촘촘하게 정하고 있는 것에 비해 인문사회는 법률적, 제도적 근거가 약했다는 점도 기본법 발의의 중요한 이유가 된다.

올해 3월 인문사회총연합회(이하 '인사총')의 설립도 주목해야 한다. 인문사회의 연구자들은 서로 간의 견해 차이가 다양하고 객관적으로 증명하기 어려운 영역이 적지 않다. 이는 연구자들이 한 목소리를 내거나 특정한 사안에 대해 단합된 행동을 하지 못하는 요인이 된다. 과학기술계는 중요한 사안이 있으면 여러 단체들이 힘을 모아 정부와 국민을 대상으로 한 목소리를 낸다. 특히 요즘처럼 대선을 앞두고 있는 시점에 두드러진다. 우리도 인사총의 앞날에 기대가 클 수밖에 없다.

「국가연구개발혁신법(이하 '혁신법')」의 개정 노력도 있었다. 혁신법은 정부의 여러 부처가 과학기술에 대한 연구지원을 하면서 생긴 복잡한 규정의 혼란을 해결하려는 목적으로 출발했다. 이것을 성격이 다른 인문사회까지 획일적으로 적용하려고 하면서 인문사회 연구현장은 일대 혼란에 빠졌다. 인사총이 앞장서 혁신법을 강하게 비판하며 개정을 요구했고, 결국 11월에서야 주무부처인 과기부가 법을 개정하기로 방침을 정하였다. 지난 11월 25일 국회 과방위의 조승래 의원이 인문사회분야의 요구를 수용한 개정안을 발의했다. 개정안은 지난 9일 국회 본회의에서 통과됐다.

지난 2년의 이런 활동은 미완의 진행형이다. 학술기반 확보를 위한 국회청원은 국회 교육위원회로 접수된 이후 제대로 된 논의가 없었고 혁신법 개정안은 과방위 법안소위를 통과했을 뿐이며 「기초학술기본법」은 발의 이후 후속 논의나 주무부처의 노력이 수반되지 않았다. 인사총이 혁신법 개정 과정에서 존재감을 분명히 나타냈지만 아직 일부 연구단체가 참여하지 않고 있고 재정적 기반도 취약하다.

우리나라는 이제 추격형 국가에서 벗어나 선도형 국가를 지향해야 한다. 선도국가에서 인문사회학술연구는 사회적 갈등 비용을 줄여주어 성숙한 국가를 만들어주는 힘이 된다. 인간과 세계에 대한 깊은 사유를 통해 국격을 높여주고 더 넓은 세계로의 진출을 열어주는 역할을 한다. 그동안 과학과 수출에 의한 성장 중심주의가 국가 발전의 동력이었다면, 이제 과학기술과 인문사회가 함께 하는 학술이 국가를 이끌어가는 '학술경국(學術經國)'의 시대가 되어야 하는 이유이다. 바로 이 지점에서 인문사회의 핵심적 역할을 고려한 학술정책이 세워져야 한다.

학술정책 연구기관인 '한국학술진흥원(가칭)'이 설립되어야 한다. 이 조직은 학술실태에 대한 정확한 조사, 학술지원의 결과가 학문의 질적 심화로 이어지는 평가 체계의 구축, 다양한 매체와 플랫폼 등 4차 산업혁명 시대 지식기반 사회 변화에 대응 등의 역할을 수행한다. 조직 신설과 운영을 위한 예산이 크지도 않을뿐더러 학술지원 예산의 단순한 증액보다 더 중요한 역할을 할 것이다.

학문후속세대의 문제는 인문사회 연구자 모두의 큰 숙제이다. 인문사회학술연구교수 제도가 지속되고 확대되어야 한다. 국가 미래의 발전 동력이 될 것이 분명한 이들의 갈 길에 대한 모색은 계속되어야 한다. 미래 인재는 언제나 국가와 사회의 힘으로 양성되는 것이며 당장 눈앞의 이익만을 따지는 우를 범해서는 안 된다.

인문사회와 과학기술의 융합연구에 더 큰 관심을 기울여야 한다. 이는 "인문사회적 과제의 해결을 위한 과학기술", "과학기술이 해결하지 못하는 난제에 해법을 제시하는 인문사회"라는 두 가지 측면에서 모두 필요하다. 중요하다고 오랫동안 강조되었지만 아직도 초보적인 단계에 머물러 있다는 것이 많은 사람들의 판단이다.

미래의 학술정책은 새로운 문명의 조건 속에서 인문사회와 과학기술을 포괄하면서 법과 제도, 교육을 아우르는 통찰력이 요구된다. 현재의 거버넌스는 많은 한계를 갖고 있다. 인문사회 학술지원을 담당하는 정부 부서는 교육부의 학술진흥과이다. 이곳은 인문사회 외의 매우 많은 일을 동시에 담당해야 한다. 곧 시작될 새로운 정부에서 국가교육위원회가 출범하면서 교육부의 큰 변화가 예고된다. 교육부에서 여전히 학술정책을 담당할 것이라면 학술진흥과는 기초과학 분야를 포괄하여 '기초학술진흥국'으로의 승격이 필수적이다. 미래의 국가발전을 위한 중요성을 인정한다면 청와대에 '학술연구수석'을 두는 것도 좋은 방안이다.

(2021.12.14. 교수신문 / 인문사회 학술정책 현안)

제11장
우리에게 맞는 학술정책이 필요하다

이강재(서울대학교 중어중문학과 교수)

들어가면서

우리는 문명대전환 시대를 살고 있다. 전 지구적으로 아날로그문명이 디지털문명, AI문명의 시대로 변했고, 인간 중심 문명에서 인간과 자연이 함께 살아가는 생태 문명의 시대가 되었다. 우리나라는 인구 감소의 축소 사회를 살고 있으며, 추격형 국가로서 민주화와 산업화를 이루었지만 독자적으로 국가의 미래를 찾아가야 하는 외로운 여정의 선도 국가를 향해 가고 있다. 성장만을 생각하는 사회에서 경쟁, 갈등, 분열이 심화되면서 이제 서로 소통하고 협력하는 사회, 성장과 함께 성숙이 중요한 사회가 되었다.

이러한 사회적 변화 속에서 우리는 글로벌 위기를 관리하고 사회적 이슈 해결을 위해 인문학, 사회과학의 혁신적 학술연구가 중요해지고 있다. 최근의 극우 포퓰리즘 등의 모습은 일자리의 감소와 경제활동에서 배제된 사람의 증가와 무관하지 않기 때문에 이를 해결하기 위한 성장의 논리는 당연히 필요하다. 그렇지만 인간의 소외와 일터로부터의 배제가 야기하는 사회 문제가 만연하면서 이를 해결하는 비용이 만만치 않아 자동화, 기계화로 얻은 이익보다 사회적 비용이 더 많이 들어가는 단계에 이르렀기에 사회 통합 노력 역시 절대적으로 필요하다. 이처럼 현재 우리는 성장과 사회적 통합을 함께 추구해야 하는 과제를 안고 있으며 이 당면한 과제를 인문학, 사회과학 분야가 적극적으로 해결해야 할 때이다.

과학기술은 인간과 세계를 변화시키는 힘이 있다. 역으로 인간과 세계에 대한 통찰이 과학기술의 올바른 방향을 견인한다. 이 점에서 사회 문제 해결을 위해 과학기술과 인문사회 분야의 협업은 필수적이다. 즉 사회적 문제 해결을 위해 인문사회 학술의 중요성을 인식해야 하며, 이에 맞는 학술정책이 있어야 한다는 것이다. 즉, 단순히 얼마의 예산을 증액하는 것보다 올바른 방향을 찾아 적절하게 지원하는 정책이 중요하며, 이를 위해 학술정책을 연구하고 추진하는 조직과 제도적 뒷받침어 중요하다.

이러한 생각으로 아래에는 교수신문에 투고했던 네 편의 글과 새롭게 작성한 한 편의 글이 들어있다. 첫째는 "우리의 현실에 맞는 정책인지 살펴보자"이다. 어떤 정책도 그것이 우리의 현실에 맞는 것인지 먼저 살펴봐야 한다. 사회문화적 특성을 고려하지 않고 해외사례만을 신뢰하면서 주장하는 정책은 실패의 가능성이 크다. 둘째는 "무전공 확대 정책의 목적과 근거가 궁금하다"이다. 최근 교육부는 대학에 무전공 확대를 강조하는데, 예산을 미끼로 강제하고 있다고 볼 수 있다. 이는 앞서 언급한 우리의 현실에 맞는 것인지에 대한 검토가 생략된 채 일방적으로 대학을 구조조정의 회오리에 몰아넣는 것이라고 할 수 있다 셋째는 "왜 독립연구자가 중요한다"이다. 학령인구의 감소와 대학의 재정적 어려움 때문에 학문을 해나가려는 연구자들이 대학을 기반으로 연구할 수 있는 가능성이 줄어들고 있다. 새로운 연구를 해나가려는 연구자가 독립적으로 연구를 하도록 하는 것은 연구 기반의 문제이면서 동시에 연구의 내용에 있어서의 혁신을 위해 필요하다. 넷째는 "한국형 스타이펜드, 인문계 대학원은?"이다. 2025년부터 도입된 스타이펜드는 이공계 대학원생을 위해 중요한 발전이다. 아직 제도적으로 보완할 점도 있고 예산도 부족하지만 향후 중요한 역할을 할 것이라 기대된다. 다만 이 제도가 이공계 대학원에 국한한 것이기에 인문사회 분야 대학원생을 위한 제도의 모색이 필요하다는 점에서 제기한 글이다. 다섯째는 "인문사회학술(정책)연구원(가칭) 설립 구상"이다. 그동안 여기저기 토론회나 정책연구 등에서 언급했던 구상을 간단하게 정리해본 것이다.

우리의 현실에 맞는 정책인지 살펴보자

땅에 넘어진 자 땅을 딛고 일어서라. 고려 때 보조국사 지눌의 정혜결사문(定慧結社文) 구절이다. 어떤 정책이든 현실에 맞게 시행되어야 함을 말할 때 쓸 수 있는 말이다. 최근 논란이 되는 무전공 입학에 대해서도 그렇다.

학생들이 자신의 적성과 흥미에 맞는 전공을 찾아가고 또 미래사회에 필요한 역량을 갖춘 미래 융합형 인재를 양성하기 위해 학과 간의 벽을 허무는 혁신이 필요하다는 추진 배경을 반대할 사람은 거의 없다. 나는 전공이 없이 입학한 후 문과 이과 어느 학과라도 전공할 수 있는 자유전공학부 방식에 대한 적극적 지지자에 속한다. 학생을 볼모로 한 지나친 학과 이기주의에도 반대한다. 다만 이것이 '지금' '우리' '모든 대학'에 맞는 것인지에 대해서는 우려가 있다.

자유전공학부와 유사한 미국의 리버럴 아츠 컬리지나 아이비리그 대학의 교양 교육은 우리나라의 대학 상황과 차이가 있다. 교육의 지향점이 엘리트교육인가 보편교육인가, 대학 재정 상황 및 학생 1인당 투여하는 교육비의 차이, 경영대학처럼 취업 목적의 단과대학이 학부에 있는지 등이 그것이다.

양자 사이의 차이는 교육 여건을 좌우하는 교수 대 학생 비율에서 단적으로 드러난다. 미국의 아이비리그 대학의 교수 대 학생 비율은 매우 낮다. 프린스턴대학이 1:5이고, 하버드대학, 컬럼비아대학, 예일대학, 브라운대학이 1:6이며, 가장 높다는 코넬대학이 1:10 정도이다. 학부 중심 대학인 리버럴 아츠 컬리지 역시 교수 대 학생 비율이 매우 낮다. 미국의 윌리엄스 컬리지나 앰허스트 컬리지는 1:7이고, 여타 대학도 1:8~1:10 정도이다.

해외의 경우 2019년 기준 대학 교원 1인당 학생수는 미국 14명, 영국 11명, 독일 12명이다. 우리나라는 기준 자체로도 OECD 국가 평균 교원 1인당 학생 수 15명에 비해 현저하게 많다. 「대학설립운영규정」에 의할 때, 교수 1인당 학생 정원의 기준은 인문사회 계열 25명, 자연과학·공학·예체능 계열 20명, 의학 계열 8명이다. 그러나 현실은 더욱 심각하다.

대학 알리미 사이트에 따르면, 국내에서 가장 형편이 좋다는 서울대의 경우, 2023년 재학생 기준으로 교수 1인당 학생이 15.45명이다. 서울 소재 사립대인 연세대가 21.36명이고, 고려대 22.76명 성균관대 20.82명이다. 지역거점국립대학인 부산대가 21.26명, 경북대 21.53명, 전남대 20.47명, 충남대 23.77명이다. 그나마 국내에서 형편이 좋다는 대학이 이 정도니 여타 지역의 사립 대학은 어떤 상황일지 말하지 않아도 짐작할 수 있다.

대학의 교육 여건이 안 좋고 대학별 격차가 크다면, 어떤 고등교육 정책을 구상할 때 고려해야 할 것이 많아져야 한다. 전국의 모든 대학에 동일한 요구를 하는 것은 당연히 지양해야 한다. 재정지원을 매개로 한 정책은 정부 당국으로서는 불가피한 면이 있겠지만, 대학이 재정적 지원을 위해 자신이 처한 현실을 외면한 채 그대로 수용하면 실패할 가능성이 크다. 우리는 과거 광역화 모집을 하면서 전공의 극심한 쏠림현상을 경험했다. 전공 쏠림은 교육 부실화로 이어지며 장기적으로 일부 학문은 존폐 위기에 처한다. 학생은 실험 대상이 아니다. 지금처럼 준비도 거의 없이 급하게 추진하면 안 된다. 충분한 준비와 여건 조성이 필수적이다. 우리가 넘어진 땅을 딛고 다시 일어서는 것이 당연하기 때문이다.

(2024.2.19. 교수신문 대학정론)

무전공 확대 정책의 목적과 근거가 궁금하다

어떤 정책도 찬반 의견이 있다. 이해 당사자의 설득이 중요하다. 설득에는 정책의 목적과 근거가 필요하다. 1995년 대학설립준칙주의가 도입되면서 대학 설립이 쉬워졌고 현재처럼 많은 대학이 생겨났다. 지금의 대학 문제에 끼친 악영향은 여전히 지속되고 있다. 입학 정원을 대폭 늘리는 것이 국가의 미래 전략과 어떤 관련이 있는지 모르겠다. 당시 어떻게 지금의 인구감소를 알 수 있었느냐고 항변할 수도 있다. 인구감소에 대한 예측 여부를 따지자는 것이 아니라 학문과 교육의 생태계에 대한 장기적이고 체계적인 접근 여부를 묻는 것이다.

반도체 학과의 정원이 늘었다. 입학하여 학부와 대학원을 마치고 산업 현장에서 중요한 역할을 하려면 상당한 기간이 소요된다. 그때 우리 사회에 반도체 전공이 어느 정도 필요하다고 판단한 근거가 궁금하다. 반도체의 출발이 되는 물리학과는 거의 없어지는 상황에서 새로운 변화를 따라갈 수 있을지도 걱정이다. 의대의 증원도 마찬가지이다. 국민 다수가 의대 증원에 찬성하고 있고 나 역시 그렇다. 지금처럼 너무 많이 늘리는 것을 보면서, 의사 수급 문제를 떠나, 교육 현장에 대한 이해가 있는지 걱정스럽다. 체계적인 인재 양성은 준비가 철저해야 한다. 학생은 실험 대상이 아니기 때문이다.

무전공 입학의 취지는 인정하되 전공의 쏠림은 우려스럽다. 무전공을 실시한 대학에서 학과 쏠림이 심한 것은 잘 알려져 있다. 쏠림이란, 학생이 특정 학과로 몰리는 것과 동시에 특정 학과의 학생이 거의 없어지는 것을 의미한다. 학생이 몰리는 학과나 학생이 없는 학과 모두 교육이 제대로 이루어질 수 없다. 대학은 이에 대한 저항을 방지하려고 일정 수 이상의 학생을 받아주지 않는 방식을 택한다. 어떤 학생은 원하는 전공을 하지 못하게 되어 원래의 정책 취지에 안 맞는다. 이미 실패를 전제한 정책이다.

이미 확인된 전공 쏠림을 알면서도 확대 정책을 추진하는 것을 보면, 전공의 쏠림 자체가 목적이 아닐까 의심스럽다. 즉, 학생이 선택하지 않는 전공은 필요 없으며 학생이 많이 선택하는 전공만이 중요하다고 생각한다는 것이다. 특정 전공이 없어졌다가 20년 후 다시 중요해진다면 그때는 어떻게 할 것인가? 설마 학문의 세계, 교육의 세계가 그렇게 졸속으로 만들어진다고 믿지는 않을 것이다. 그렇다면 정책 당국이 미래의 변화에 대해 이토록 확신하는 근거가 궁금하다.

대학이 자율적으로 학과의 정원을 조정하기 어렵다. 학과 간 장벽이나 학생을 볼모로 한 학과 이기주의도 부정하기가 쉽지 않다. 대학마다 차이가 있겠지만, 현 체제가 갖는 역사성과 장점에도 불구하고, 무전공 학대에 따른 여러 폐단을 감수하려는 근거가 궁금하다. 세상의 변화가 빨라서 더 이상 기다릴 수 없다고 할지 모른다. 전가의 보도인 재정지원을 무기로 휘두른다면, 대학과 국가를 위험에 빠뜨리는 행위가 된다. 교육 현장에 있는 교수가 무전공에 대해 왜 걱정하는지를 객관적으로 검토하고 의견을 나눌 수 있어야 한다.

나는 기본 취지에 동의하면서도 현재의 모습에는 좌절하기도 분노하기도 한다. 교육과 대학을 이해하지 못하면서 교육자를 무시하는 듯한 모습 때문이다. 급변하는 환경이라는 명분으로 교육자를 재촉하는 모습만 보여주는 교육부가 아쉽다. 대학 교수로서 치욕스럽기도 하다. 과거의 경험을 잊어버리고 다시 미끼에 달려드는 물고기처럼, 재정지원이라는 미끼에 속아서 교육부의 요구에 달려드는 대학이 많기 때문이다. 그래서 더욱 무전공 확대 정책의 근거와 목적이 정말 궁금하다.

(2024.4.8. 교수신문 대학정론)

왜 독립연구자가 중요한가

얼마 전 지역 거점 대학에서 인문학을 전공하는 40대와 50대 초반의 교수 몇 분을 만났다. 왕성하게 연구와 교육에 임하면서 동시에 학교 내의 행정에도 적극적인 분들이다. 이들은 대학의 무전공 논의를 비롯한 많은 도전 속에서 어려움을 토로한다. 인문학 전공 학생의 감소, 대학 내에서의 역할 축소를 걱정한다. 이는 전국적인 현상이다. 지역의 사립대학은 더욱 처참하다. 학문후속세대는 더욱 암담하다.

대학은 대변화의 시대에 있다. 인구의 감소로 몇 년 후의 대학을 예측할 수 없다. 수도권 집중은 지역 대학의 존립을 위협한다. 눈앞에 보이는 성과만을 중시하는 사회에서 긴 시간과 깊은 사색이 필요한 학문의 존립이 위태롭다. 의대 정원의 확대로 과학기술 분야의 위기감은 크다. 인공지능의 급속한 발달은 대학과 교육에 대해 근본적인 질문을 던진다. 전 세계적인 변화이기에 교육부의 일방적 정책에 대한 비판과는 별도로 인문학과 기초과학의 위축은 피할 수 없을 것으로 보인다.

눈앞의 변화를 피할 수 없다고 미래를 내팽개칠 수는 없다. 대학 내의 관련 학과가 없어지고 교과목이 줄어도, 인간을 이해하고 그것을 설명하는 일이나 행복한 삶을 추구하는 욕구는 지속된다. 대학의 위축이나 학과의 개편이 이루어져도 인문학은 그 자체로 중요하다. 이것이 학문후속세대가 중요한 이유이다. 학문후속세대는 기존의 연구 방식이나 주제를 벗어나 새로운 도전적 연구에 관심이 많다. 나는 학문후속세대 대신 '학문혁신세대'라는 용어를 더 좋아한다. 이들은 단순히 기존의 학문을 이어가는 것이 아니라 학문을 혁신해갈 것이라는 믿음 때문이다.

혁신이 가능하기 위해서는 기존의 틀에 얽매이지 않아야 한다. 대학과 전임교수로부터 자유로운 독립연구자의 길을 말한다. 한국연구재단의 학술연구교수 지원사업은 그런 측면에서 중요한 의미가 있다. 기존의 연구 인프라를 활용하려면 이들이 대학에 소속되어야 좋다고 생각하기 쉽다. 일부 대학이 이들에게 강의료를 적게 주면서 학교 재정의 부족을 메우는 수단으로 활용하는 것을 보면 생각이 흔들린다. 더구나 대학은 학술연구교수 사업의 간접비에 해당하는 사업관리비가 1인당 1백만 원에 불과하기에 불만이 있다. 신분이 불확실하기에 결과보고서 등을 제대로 제출하지 못했을 때 대학 전체가 받을 불이익을 우려한다. 당연한 걱정이다.

학문혁신세대가 자유롭고 새로운 창의적인 연구를 하려면, 대학의 간섭이나 현직 교수와의 관계로부터 자유로워야 한다. 이들이 대학 산단을 통하지 않고 한국연구재단에 바로 연구지원 신청을 하도록 한 것은 바로 여기에 기인한다. 한국연구재단은 선정 이후 별도의 기관을 정해서 관리해준다. 처음 대학교육협의회에서 했는데 매우 큰 예산을 집행하는 이 기관이 작은 사업의 번거로움을 원하지 않았다. 결국 인문사회총연합회에서 대신 일을 하게 되었다.

인문사회 분야의 연구는 대학 내의 연구실에서만 가능한 것이 아니다. 자신의 집이나 동네 카페도 연구실이 될 수 있다. 이들에게 자유로운 연구 분위기와 국가의 지원이 가장 중요하다. 새로운 도전을 해나가는 학문혁신세대는 미래의 대학 교수가 될 수도 있고, 시민교육에서 절대적으로 중요한 강사가 될 수도 있다. 비록 대학의 축소로 대학의 전임교수가 되지 못해도 우리 사회에 없어서는 안 될 인문학 학술생태계를 지켜주는 버팀목이 될 것이다.

(2024.7.1. 교수신문 대학정론)

한국형 스타이펜드, 인문계 대학원은?

　2025년부터 이공계 대학원생에게 '한국형 스타이펜드(stipend)' 지급이 시작된다. 이는 '연구생활장려금'으로, 학업과 연구에 전념할 수 있는 환경을 만들기 위한 것인데, 과기부에서 내년도 정부예산으로 600억 원을 마련하였다고 한다. 그동안 학생연구원에게 강요된 '열정페이'가 사라지고, 국내 이공계 대학원의 우수한 인재 유치에 긍정적 작용을 기대한다.

　인문계 대학원생에게 스타이펜드는 꿈일 뿐인가? 같은 대학원생도 이공계는 대학원에 진학하면 학생이면서 동시에 실험실에서 교수의 연구를 함께 수행하는 근무자이다. 인문계는 대체로 자유롭게 자기의 연구를 해나가며 교수의 연구와 직접적인 관련이 없을 수 있다. 이공계 대학원생은 직장인에 가깝고 인문계 대학원생은 여전히 학생이다.

　스타이펜드를 인문계에 도입하자고 주장할 때 만나는 또 다른 질문은 인문계 역시 사회에 유용한 생산력이 있느냐는 것이다. 이는 자기 좋다고 대학원에 진학한 것 아니냐는 냉소적 반응이다. 간과한 것은 디지털문명의 원천으로서 인문계가 만들어내는 콘텐츠이다. 인문계에서 나온 글이 없다면 AI 발달의 근간이 되는 딥러닝(Deep Learning)이 불가능하다. 디지털문명에서 생산적 영역의 기본 베이스캠프가 인문계의 산출물이다.

미래의 성숙한 사회로의 성장은 인문학 기반에서 나오며, 스토리와 역사와 해석을 통해 재생산되고 확산한다. 여기에 새로운 가치 생산의 큰 원천이고 출발점인 인문계를 생산적 차원에서 이해해야 하는 또 다른 근거가 있다. 비판력과 상상력이 세상의 변화를 이끄는 가장 중요한 혁신이라면, 인문학이 선도할 수 있다. 물론 인문계 학자들 스스로 전통적인 방식에 안주하지 않고 디지털 대전환 시대의 변화를 인식하고 교육과 연구를 혁신해야 한다.

과학기술의 혁신이 결국 인간의 행복을 위한 것이라면, 이는 인문학적 가치의 실현이다. 과학기술이 결과적으로 시장의 지배를 받아 생활 세계로 나와야 하므로, 이때 인간의 삶과 생활, 행복과 만난다. 과학기술의 발달은 인간과 세계를 변화시키지만, 역으로 인간과 세계에 대한 통찰력이 과학기술 발달의 방향을 견인할 수 있다.

인문계 대학원을 대하는 정부의 고민이 없을 수 없다. 공적 예산 편성의 합리적 근거를 마련하는 일이 그것이다. 어느 순간 정부의 방임과 함께 우후죽순처럼 생겨난 인문계 대학원은, 진정 학생을 위한 것인지 학교와 교수의 생존을 위한 것인지 알 수 없게 되었다. 현황 파악은 물론 어느 분야에 어느 정도의 연구자를 양성해야 하는지에 대한 제대로 된 통계조차 없다. 그동안 문제에 직면하여 땜질식 처방만 있었을 뿐 장기적인 정책이 없었다. 이공계에 비해 구분이 모호한 비전업 대학원생이 많다. 학술적으로 도움이 안 되는 논문의 양산, 표절에서 벗어나지 않은 학위 논문 등, 교육부 역시 어디부터 손을 대야 할지 모른 채 방치하고 있다. 내가 그동안 인문계를 위한 학술정책연구원이 필요하다고 주장한 것이 이 때문이다.

고등교육에 대한 교육부의 관심은 온통 대학의 재정지원사업을 통한 구조조정에 놓여있다. 학술정책이나 학술지원은 큰 관심도 없고, 순환제 보직의 특성상 담당 공무원조차 자세하게 알지 못한다. 더구나 고등교육과 학술정책에 대한 애정과 사명감마저 없는 '영혼 없는' 공무원이 오게 되면 더욱 암담한 상황이 된다. 여기에 기생하며 연구비를 위해서라면 때로 정반대의 결론도 내줄 것처럼 보이는 대학의 특정 전공 교수들이 문제를 더 악화시킬 때도 있다.

먼저 논의되고 정리해야 할 것이 많지만, 국가와 인류의 미래를 위해 인문계 대학원생을 대상으로 한 스타이펜드가 적극적으로 모색되기를 희망한다.

(2024.12.2. 교수신문 대학정론)

인문사회학술(정책)연구원(가칭) 설립 구상

인문사회 분야의 연구자들은 현재 국가 R&D 예산에서 인문사회 분야가 차지하는 비중이 지나치게 적다는 이야기를 많이 한다. 절대 액수의 차이는 어쩔 수 없지만 수혜율에서도 현저하게 차이가 있다는 점을 자주 언급한다. 그러나 나는 예산의 부족이나 수혜율이 낮다는 것보다 올바른 정책에 의해 올바른 지원과 성과 분석 등이 이루어지고 있느냐가 더 중요한 문제라고 생각한다. 특히 최근 국가와 인류의 거대한 변화 속에서 인문사회 학술이 어떤 역할을 하고 있는지, 혹은 앞으로 어떤 역할을 할 것인지를 생각하면 더욱 그렇다. 이에 가칭 "인문사회학술(정책)연구원"을 설립할 것을 주장하면서 그 구상의 편린을 여기에서 밝혀보고자 한다.

1) 역할

첫째, 인문사회 분야 학술지원 사업. 이는 현재 한국연구재단 인문사회연구본부에서 수행하는 인문사회예술체육 분야에 대한 학술지원 기능을 말한다. 현재 대략 3천억 원의 예산을 쓰고 있는데, 이 중 아래에서 언급할 학문후속세대 사업을 별도로 나눌 경우 2천억 원 예산을 집행하는 기능이다.

둘째는 학문후속세대 지원 및 양성. 현재 한국연구재단에는 학문후속세대 사업으로 인문사회학술연구교수A형, B형과 박사과정생 연구장려금, 석사과정생 연구장려금 제도가 있다. 이 중 학술연구교수A형은 매년 300명을 선정하여 5년동안 연 4천만원 연구비를 지원하는 사업으로, 연구자들에게 가장 좋은 평가를 받고 있다. 다만 현재 대학의 상황을 볼 때 앞으로 교수로 신규임용의 기회가 아주 소수에게만 주어질 것이라는 우려가 있다. 이는 학문의 단절에 대한 걱정인데, 이것이 단지 연구자에게 어려움을 주는 것에서 그치지 않고 국가적으로도 상당히 위협적인 상황이다. 이 때문에 국가 학술정책이라는 차원에서 완전히 다른 접근이 필요하다.

나는 연구교수를 매년 500명씩 10년간 지원하는 방식을 제안한다. 10년 후 총 5천명의 연구자를 지원하게 되는데, 이들에게 평균으로 6천만 원 수준의 급여를 주고 인문사회 분야를 연구하도록 지원하자는 것이다. 또 이들이 특정 지역에만 집중되지 않도록, 전국 10개 권역에 지역별 인문사회학술원을 만들어 각각 500명씩 수용할 연구 공간을 마련하고 이들이 해당 지역의 대학과 시민사회 대상의 인문사회 분야 교육을 실시하도록 할 수 있다. 여기에는 당연히 급여성 연구비 외에 연구공간 확보를 위한 비용이 필요하다. 연구공간은 거점국립대학을 활용할 수도 있고, 또 현재 한계상황에 도달한 대학의 유휴공간을 활용할 수도 있을 것이다. 단 접근이 용이한 대도시에 지역 학술원이 위치하도록 한다. 이러한 모델은 프랑스의 국립과학연구원(CNRS)나 중국의 사회과학원과 유사하다. 이곳의 연구자는 자기 개인 연구와 지역사회, 국가 및 인류의 중요 아젠더를 50:50으로 나누어 연구하도록 할 수 있을 것이다. 처음 시작할 때 선발된 인원이 적지만 10년 후에는 예산이 늘어서 대략 4천억 원의 예산이 소요될 것으로 생각한다.

셋째는 인문사회 학술정책 연구. 이는 과학기술분야의 과학기술정책연구원(STEPI), 한국과학기술기획평가원(KISTEP), 한국과학기술정보연구원(KISTI) 등처럼 학술 정책을 연구하고 이와 관련 정보를 제공하여 학술지원 사업의 예산이 적정하게 집행이 되도록 한다. 이 기능을 통해 학술정책 시행과 학술지원 성과 발굴로 시민사회 환원 및 국가경쟁력 강화를 위한 국가 차원의 혁신적·선순환적 학술정책 거버넌스 체계를 마련할 수 있다. 우리는 이와 같은 정책연구기관을 통해 정확한 학술실태에 입각한 정책을 입안하고, 학술지원의 결과가 학문의 질적 심화로 이어지는 평가 체계를 구축하며, 다양한 매체와 플랫폼, AI 등 새로운 지식기반 사회의 변화에 대응하도록 할 수 있다. 또한 이를 통해 장기적인 학술 발전의 콘트롤 타워의 기능을 갖게 될 것이다. 대략 연구원은 100명 이내로 하고, 연 200억 원의 예산으로 가능할 것이다. 이상의 정책연구를 통해 학술지원 체계는 아래와 같은 새로운 방향이 가능할 것이다.

현행 학술지원 체계	새로운 학술정책의 방향
지원 체계 내부 불균형	정확한 학술실태에 입각한 정책 입안
연구자 중심 인문사회 학술정책 수립 과정의 부재	연구자 중심 정책 결정과 추진 체계
학술의 대중화 수요에 대한 올바른 정책 부재	학술 지원의 결과가 학문의 질적 심화로 이어지는 평가 체계
인문사회에 특화된 지원, 관리, 평가 체계 미흡	학술 전문 공무원과 연구자 출신 실무자를 육성하여 협업
예산 부족과 불안정성의 일상화	기구 법적 지위보장과 독자적 예산, 인사, 운영 자율성 체계
학술생태계의 원활한 순환을 위한 학술정책 부재	다양한 매체와 플랫폼, AI 시대 지식 기반 사회 변화에 대응

출처: 이강재, 『인문사회 학술연구지원의 현황과 과제』 2021, 한국교육개발원

2) 조직 및 예산

전체 조직을 총괄하는 이사장을 두어 위의 세 가지 기능을 총괄 조정하도록 하며, 위 세 가지 기능별로 본부장을 두어 해당 기능별 영역을 통제하고 조정한다. 또한 조직의 원활한 운영을 위한 지원 부서가 필요할 것이다.

예산의 경우 전국 10개 권역에 있는 지역 학술연구원을 위해 급여와 공간 비용을 포함하여 4천억 원이 소요되며, 학술정책연구 2백억 원, 그리고 현재의 학술지원 예산 2천억 원이 소요된다. 여기에 전체 조직을 관리하기 위한 비용이 추가될 것이다.

또한 향후 아래의 몇 가지 사업을 위한 예산의 배정이 필요하다. 첫째는 학문후속세대 등의 학술자산의 가치를 제고시킴과 동시에 영속성을 확보하게 되며 이를 위해 연구자의 자율과 창의성에 기반한 보편적 학술지원 확대이다. 둘째는 문명대전환의 시대를 준비하고 변화에 대응하기 위한 미래지향적 연구 지원의 강화이다. 셋째는 글로벌 위기와 사회적 이슈 관련 거대 아젠다 발굴 및 융합적 연구 지원이다. 여기에 국내 지역 위기 속에서 지역 현안에 대한 인문사회과학적 분석과 대안을 제시하는 연구가 필요한데, 이는 지역대학에 일정 연구비를 할당하는 방식의 도입이 가능할 것이다. 넷째는 학술자료 Open Access에 대한 지원이다. 이는 인문사회 학술연구 성과에 대한 국민 모두의 자유로운 접근을 통해 연구자 역량 향상과 시너지 효과를 창출할 수 있는 시스템 설립을 의미한다. 이는 AI 시대 가장 중요한 콘텐츠를 개발하고 관리하는 것에 대한 국가의 역할 강화이기도 하다.

3) 조직의 위상

이 조직이 정부의 누구의 통제를 받고 어떻게 예산을 확보할 것인가에 대한 것인데, 이는 매우 어려운 문제이다. 과거 인문사회 분야의 학술지원 사업은 교육부에서 주관하였다. 따라서 교육부 산하 기관이 되는 것을 상정할 수 있는데, 이 경우 기존의 순환직 행정부 공무원의 한계를 벗어나기 어려우며, 학술 사업의 독립성, 예산 확보상의 원활한 기능을 기대하기 어렵다. 학술 분야의 특수성 때문에 새로운 직렬을 만들어 전문 공무원을 둘 수도 있겠지만, 현실적인 여건상 쉽지 않다.

다음으로 총리실 사항 경제인문사회연구회 산하 기관이 될 경우이다. 이는 기존의 경제인문사회연구회 산하 기관 중의 하나로 격하되면서 국가 전체의 학술정책을 총괄하고 발전시키는 기능을 수행하기에 어려움이 있을 것이라는 우려가 있다. 미국의 국립과학재단(NSF)이 백악관 직속 기구인 것처럼 대통령 직속 기구로 만들 수도 있겠으나, 한국적 현실에서 대통령실이 정치적인 격변에서 자유로울 수 없으며, 학문의 자율성을 확보하기 어려울 것에 대한 우려가 크다.

다음으로 미국의 국가인문학재단(NEH)가 하원 소속인 것처럼 국회 소속 기구로 만들 경우이다. 한국적 특성상 정치적인 영향에서 완전히 벗어나기는 어렵지만, 조직의 이사장과 PM의 임명 권한을 국회의장에게 주어 지위를 격상시키고 상대적으로 독립적인 조직이 될 수 있도록 권한을 부여한다면 가능할 수 있다. 물론 이에 대한 세부적인 사항은 여러 법적인 검토를 거쳐야할 것으로 보이지만, 현재에도 국회 내에 과학기술(평가)처를 두는 방안이 논의되는 것을 고려하면 전혀 불가능한 것이 아니다. 또한 이 경우 현재 대통령제 하에서 행정부의 권한이 절대적으로 크고 국회에 비하여 훨씬 많은 정보를 갖고 있다는 점을 고려한다면, 행정부와 국회의 정보의 비대칭을 해소하여 분권에 도움이 되는 방안이 될 수 있다.

다음으로 대통령을 위원장으로 하는 국가학술위원회를 두고 그 산하에 두는 것도 한 가지 방법이 될 수 있다. 이 경우 국가학술위원회의 부위원장이 당연직으로 이 조직의 이사장이 되며, 헌법기관으로 격상시켜 운영하도록 한다. 현재 국가과학기술자문회의나 국민경제자문회의와 같은 지위를 부여하되, 실질적으로 기능에 맞는 업무를 추진하도록 해야할 것이다. 다만 이는 헌법기관이 되기 때문에 개헌 사항이어서 단기적으로 추진하기에 어려움이 있다.

가장 이상적으로 대통령 직속 기구가 되는 것이고 국회 소속 기구가 되는 것도 좋겠지만, 한국의 현실적인 여건에서 쉽지는 않을 것이다. 특히 당장 헌법기관이 되기 위한 것까지는 어렵겠지만, 국회 소속 기구가 되는 것은 국가 통치권자의 정책적 판단에 의해 충분히 극복 가능할 것이다. 따라서 새로운 정부에서 이에 대한 적극적 검토가 필요하다. 이것은 단순히 인문학, 사회과학 연구자를 위한 것이 아니며, 결과적으로 국가와 인류의 미래를 위한 일이기 때문이다.

마치면서

우리 모두 좋은 나라에 살고 싶다

이강재(서울대학교 중어중문학과 교수)

　지난 2월 교수신문 <대학정론>에 '대한민국의 미래를 논하자'라는 글을 시작으로 관련 글을 기획하여 3월부터 9회에 걸쳐 연재하였다. 처음 작년 11월 초 교수신문과 이에 대한 기획을 논의한 바 있는데, 12.3 계엄 이후 모든 시계가 빨라졌다. 특히 이는 특정한 누구를 위하는 것이 아니라 어떤 미래를 원하는지 논하고자 하였다. 지금 당장의 대응과 거리가 있는 논의가 있었다. 우리 사회에만 그치지 않고 인류 문명 전체에 대한 논의였다. 이를 통해 우리는 진정 좋은 나라에 살고 싶다는 의지를 확인하였다.

　지금은 새로운 우리나라의 모습을 꿈꾸는 시기이다. 지난해 12월 초 시작된 혼란이 오히려 전화위복이 될지 아니면 여전히 암울한 미래를 걱정할지 지켜봐야 할 시간이다. 분명 시민의 힘은 위대하되 제도는 여전히 기득권 중심이기에, 우리는 아직 불안감 속에서 불면의 밤을 더 보내야 한다.

　새로운 정부는 여러 어려움 속에 출발한다. 100조 원이 넘는다는 적자와 세수 결손은 새로운 도전적 사업을 어렵게 만든다. 경제적 어려움이나 무역 전쟁은 몇 나라만의 문제가 아니라 세계적 현상이다. 무속을 넘어 과학 중심적 사유의 세계를 만들어야 한다. 인공지능의 거센 도전 속에서 과학기술에 대한 투자와 함께 인간 존재에 대한 근본적 질문을 던져야 한다.

당장 앞에 놓인 가장 중요한 과제는 경제적 어려움을 돌파할 수 있는 성장임을 부정할 수 없다. 사회적 통합 역시 정말 중요하다. 사회 갈등의 심화가 경제적 성장만으로 해결할 수 없는 국가 발전의 큰 장애물임을 확인하였기 때문이다. 다만 통합이 서로 이해하고 양보하는 것만으로 이루어지지 않는다. 파괴된 헌정 질서의 회복이 절대적으로 필요하며, 헌법 유린 행위는 엄단하여 추후라도 확실하게 정리해야 한다. 그렇지 않으면 어느 날 다시 유사한 혼란이 생길지 모른다. 극우 포퓰리즘이 강해지는 모습은 세계적인 현상이지만 우리에게는 더욱 위협적이다. 분단과 전쟁을 겪은 우리의 역사와 무관하지 않기 때문이다. 건강한 공론의 장을 어렵게 만드는 요인이기도 하다.

사회 모든 면에서 국민주권주의를 확실하게 만들어야 한다. 지난 몇 달 동안 우리가 경험한 것에 기인한다. 국민주권주의가 단순히 대통령이나 국회의원과 같은 선출직에만 국한되어서는 안 된다. 사법부나 검찰 등의 선출되지 않은 권력이 민심과 전혀 다른 방향으로 전횡할 경우 군인에 의한 독재보다 더 무서운 사회가 될 수 있음을 알았다. 새로운 정부 초기에 제도적으로 바로 잡아야 한다. 비록 단기간에 위대한 민주주의가 도전에 직면하여 극복하는 과정을 경험했지만 앞으로 나아갈 길은 이보다 훨씬 어려울 것이다.

　글을 마칠 시기에 막 대통령 선거가 끝났고, 새로운 국가 지도자가 탄생하였다. 이재명 대통령이 선거과정 중에 강조한 '대동세상(大同世上)'은 통합된 사회를 의미할 수 있는데, 이에 대해 간단한 설명을 더하고자 한다.(이하 대동사회에 대한 설명은 이강재의 『논어처럼 이끌어라』에서 가져옴) 대동세상, 대동사회는 모두가 하나 되는 사회라는 뜻으로, 공자가 가장 이상적인 사회로 제시한 것이다. 대동사회에 대한 언급이 『논어』에는 보이지 않는다. 이는 『예기(禮記)』의 「예운(禮運)」에 나오는 공자의 이야기를 통해 알 수 있다.

　옛날에 큰 도가 행해지던 일과 하은주 삼대(三代)의 뛰어난 인물이 때를 만나 도를 행한 일을 내가 비록 눈으로 직접 볼 수는 없었으나, 삼대의 뛰어난 인물이 한 일은 기록이 있다. 기록에 따르면 큰 도가 행하여진 세상에는 천하가 모두 만인의 것이었다. 사람들은 현명한 사람과 능력 있는 사람을 선출하여 관직에 임하게 하고, 온갖 수단을 다하여 상호 간의 신뢰와 친목을 두텁게 하였다. 그러므로 사람들은 각자의 부모만을 부모로 하지 않았고, 각자의 자기 자식만을 자식으로 여기지 아니하여, 노인에게는 그의 생애를 편안히 마치게 하였으며 장정에게는 충분한 일을 시켰고 어린이에게는 마음껏 성장할 수 있게 하였으며 과부와 고아, 장애인 등에게는 고생 없는 생활을 시켰고, 성년 남자에게는 직업을 주었으며, 여자에게는 그에 합당한 남편을 갖게 하였다. 재화(財貨)를 헛되이 낭비하지는 않았지만 자기만 사사로이 독점하지 않았으며, 힘은 사람의 몸에서 나오지 않으면 안 되는 것이지만 그 노력을 반드시 자기 자신의 사리(私利)를 위해서만 쓰지는 않았다. 모두가 이러한 마음가짐이었기 때문에 사리사욕에 따르는 모략이 있을 수 없었고, 절도나 폭력도 없었으며 아무도 문을 잠그는 일이 없었다. 이것을 대동(大同)의 세상이라고 말하는 것이다.

'대동(大同)'은 문자적 의미로만 해석하면 '크게 동일하다', '모두가 동등하다'라는 의미이다. 공자의 언설에서 알 수 있듯이, 대동사회란 서로 각자의 역할을 충실히 수행하며 재화가 어느 한곳에 집중되지 않으며 사사로운 욕심에 의해 인도되지 않는 사회를 말한다. 이는 비록 관리가 있어서 세상을 다스리고 있고 그 통치를 받는 사람이 있는, 즉 대인관계의 상하관계가 있지만 서로 함께 살아가는 평등한 세상을 말한다. 이와 같은 유가에서 말하는 이상적인 사회는 현대적 의미로 '사회 통합이 이루어진 사회'라고 할 수 있다.

여기에서 "서로의 차이를 인정한 함께 살기"라는 것은, 『논어』에서 언급한 '화이부동(和而不同)'과 깊은 관련이 있다. 이때 '화(和)'란 서로 조화를 이루어 함께 가는 것이다. '동(同)'이란 일방적으로 모두가 똑같이 하는 것을 말한다. 그래서 화이부동은 서로의 차이를 인정하되 맹목적으로 서로 같은 것이 아닌 것, 즉 서로의 차이를 인정한 함께 살기를 말한다. 이때 목표로 삼는 대동사회는 '크게 하나 되는 사회'이며 '모두 하나 되는 사회'이다. 이는 갈수록 사회적 갈등이 격화되고 있는 지금의 우리 사회에 가장 절실하게 요구되는 모습이라고 생각한다. 이런 이상이 실현되는 좋은 나라가 만들어지기를 기원한다.

　지금 우리에게 주어진 시간이 많지 않다. 세계는 눈에 보이는 혹은 눈에 보이지 않는 전쟁이 지속되고 있다. 우리나라 역시 이 전쟁에서 예외가 아니다. 국가의 미래에 대한 깊은 통찰을 갖지 못한다면 한순간 우리나라가 어디로 떨어질지 모른다.

　이제 정치가 답하고 해결해야 하는 때이다. 광장에서 연대와 사랑을 논하면서 희망을 이야기했다면, 이제 그 희망을 실현하는 것은 정치의 답변이어야 한다. 다만 우리도 진정 우리가 원하는 좋은 나라를 위해서 그저 방관자일 수는 없다. 여전히 정신 차리고 제대로 된 정치가 이루어지는지 감시하면서 때로는 격려하고 때로는 채찍을 들어야 한다.

저자 소개
(가나다 순)

고태우 서울대학교 역사학부 교수
연세대에서 문학박사 학위를 받았다. 인간과 비인간 존재가 공존하는 세상을 꿈꾸며 한국 근현대사, 20세기 생태환경사를 연구하고 있다. 한국생태환경사학회 부회장을 맡고 있다. 함께 쓴 저서로 『기후와 인간, 그리고 재난: 생태환경사의 관점』, 『새로 쓴 한국사특강』 등이 있다.

금 민 정치경제연구소 대안 소장
독일에서 정치철학과 법철학을 전공했다. 현재 정치경제연구소 대안의 소장을 맡고 있으며 기본소득한국네트워크의 창립자 중의 한 명이다.

김봉억 교수신문 편집국장
'함께 하는 지성'으로 사회에 기여하는 교수, 연구자의 역할에 관심이 많다. 특히 학문후속세대와 신진 연구자의 목소리, 고등교육 정책 변화를 유심히 살펴보고 있다. 공저로 『지식사회 대학을 말한다』, 『비정규 교수, 벼랑 끝 32년』이 있다.

도승연 광운대학교 인제니움대학 교수
이화여자대학교 철학과에서 학사 및 석사학위를, 뉴욕주립대학교에서 철학 박사학위를 받았다. 광운대 교수학습센터장, 입학처장, 인제니움대 학장, 문체부 공공기관 경영평가위원을 역임하였고 한국교양기초교육원 기획위원, 한국장학재단 비상임이사로 활동 중이다. <2주기 대학혁신지원사업 2주기 평가지표개발> 정책연구, <인문사회기반융합인재 양성사업> 기획 연구 및 대학혁신지원사업, 국립대육성사업, RIS 평가 및 컨설팅 위원으로 참여하였다. 주요 논저로 『학술진흥정책 수립체계 재정립 및 중장기 학술진흥방안연구』, 『인문학진흥 중장기 정책목표 및 방안수립에 대한 연구』『대학 전공자율선택 확대 및 교육의 질 제고 방안 연구』등을 펴내 인문학 진흥과 대학지원정책 관련 활동을 수행해왔다.

박혜영 인하대학교 영어영문학과 교수
이화여대를 나와 서울대에서 석사, 영국 글래스고대에서 박사를 했다. 전공은 영국시. 생태 정의와 기후위기, 탈성장 전환 등에 관심이 많다. 저서로 『느낌의 0도: 다른 날을 여는 아홉 개의 상상력』, 역서로 아룬다티 로이 『9월이여 오라』가 있고, 『생태와 대안의 로컬러티』를 함께 썼다.

저자 소개
(가나다순)

안재원 서울대학교 인문학연구원 교수

서울대에서 언어학 학사와 서양고전학 석사를 했다. 독일 괴팅엔대 서양고전문헌학과에서 박사학위를 받았다. 주요 저역서로 『인문정신이란 무엇인가』, 『인문의 재발견』, 『고전의 힘, 그 역사를 읽다』, 『수사학』 등이 있다.

윤　비 성균관대학교 정치외교학과 교수

독일 베를린 훔볼트대에서 정치학 박사를 했다. 정치사상과 이론, 고중세 및 르네상스 지성사 분야에서 국제적으로 학술활동을 이어가고 있으며, 2021년 마키아벨리의 사상을 주제로 독일에서 단독 저서를 발간했다. 독일 베를린 고등연구원 2023~2024년도 펠로우로 선임되기도 했다. 저서로 『위험한 국가의 위대한 민주주의』 등이 있다. 한국연구재단 사회과학단장을 지냈고, 현재 성균관대 사회과학대학 학장을 맡고 있다

이강재 서울대학교 중어중문학과 교수

서울대에서 박사학위를 받았다. 서울대 인문학연구원장과 한국연구재단 인문사회연구본부장, 국가교육회의 고등직업교육개혁 전문위원 등을 지냈다. 2016년 서울대 교육상을 수상했고, 저서로 『고려본 논어집해의 재구성』, 『고증학자는 논어를 어떻게 읽었나』, 『논어처럼 이끌어라』 등이 있다. 주요 논저로 『학술진흥정책 수립체계 재정립 및 중장기 학술진흥방안 연구』 등을 펴내 학술진흥정책에 대한 대안 마련에 천착해 왔다.

우리 모두 좋은 나라에 살고 싶다

초판 1쇄 인쇄 2025년 6월 16일
초판 1쇄 발행 2025년 6월 26일

기획	이강재
지은이	고태우·금민·김봉억·도승연·박혜영·안재원·윤비·이강재
펴낸이	최종숙
편집	이태곤 권분옥 임애정 강윤경
디자인	안혜진 최선주 강보민
기획/마케팅	박태훈
주소	서울시 서초구 동광로46길 6-6 문창빌딩 2층 (우06589)
전화	02-3409-2055(대표), 2058(영업), 2060(편집)
팩스	02-3409-2059
전자우편	geulnurim2005@daum.net
등록번호	제303-2005-000038호.(2005. 10. 5)
ISBN	978-89-6327-762-2 93300

*책값은 뒤표지에 있습니다.
*파본은 구입처에서 교환해 드립니다.
*이 책의 판권은 지은이와 글누림출판사에 있습니다. 서면 동의 없는 무단 전재 및 무단 복제를 금합니다.